Heilende Selbstmassage

VALERIA FÜCHTNER

Heilende Selbstmassage

Alltagsbeschwerden einfach wegmassieren

blv

6 Vorwort

8 Selbstheilung mit sanftem Händedruck
10 Alltagsbeschwerden selbst wegmassieren
12 Do it yourself: Massage-Basics

14 Selbstmassage einfach und wirksam
16 Energiemassagen
18 Verwandte Techniken
20 Reflexzonenmassage
22 Schwedische Massage

24 Selbstmassage gegen Alltagsbeschwerden von A bis Z
26 Allergien
28 Angst
30 Augenschwäche
32 Asthma
34 Bauch- und Magenschmerzen, Sodbrennen
36 Blähungen
38 Blasen- und Harnwegsbeschwerden

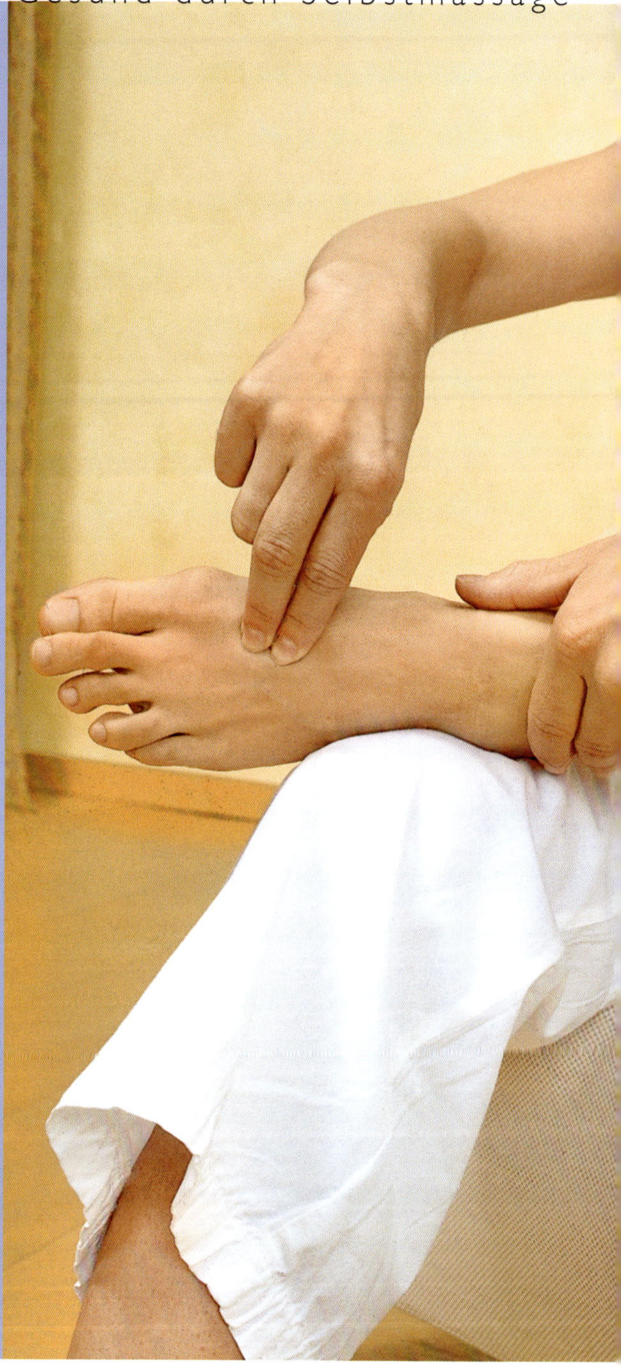

Inhalt

40 Blutdruck, hoher und niedriger
42 Durchfall
44 Erkältung
46 Erschöpfung
48 Halsschmerzen
50 Husten
52 Kopfschmerzen und Migräne
54 Kniebeschwerden
56 Krampfadern
58 Kreuz- und Rückenschmerzen
60 Menstruationsbeschwerden
62 Muskelkrämpfe und -schmerzen
64 Nackenschmerzen und -verspannungen
66 Ohrenschmerzen
68 Rheumatische Beschwerden
70 Schlaflosigkeit
72 Schwindel
74 Übelkeit
76 Verdauungsprobleme
78 Verstopfungen
80 Wassereinlagerungen
82 Wechseljahrsbeschwerden
84 Zahnschmerzen

86 Entspannung und Energie für Eilige
88 Vitalität und Kraft
90 Förderung der Konzentration
92 Entspannung und Erholung

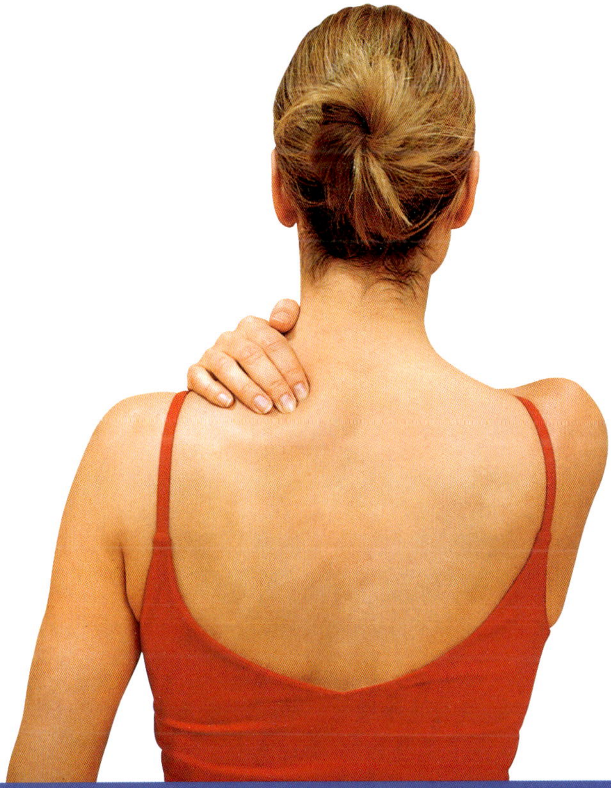

Vorwort

Sie ist uralt und doch wieder modern: die Massage. Schon seit Jahrtausenden wird in vielen Kulturen die gezielte Berührung zur Gesundheitsförderung praktiziert. Kein Wunder, nichts ist wohltuender als natürlicher Körperkontakt. Und mehr als das: Die Heilkraft einer Berührung ist enorm. Studien zeigen, dass Haut-auf-Haut-Fühlen Gesundheit und Wohlbefinden nachweislich verbessert. Wer bereits eine Profi-Massage genossen hat, weiß um ihre wohltuende Wirkung. Viele gönnen sich heute deshalb regelmäßig eine Knetkur – als Medizin und Wellnesserlebnis. Grund genug, selbst Hand anzulegen. Denn während Massage so alt ist wie die Menschheit, ist Selbstmassage wie ein ureigener Reflex. Schmerzt der Rücken, reiben wir ihn instinktiv. Fallen wir, streichen wir über die verletzten Körperstellen. Mit der Berührung nutzen wir die heilende Kraft der Hände. Da Sie dieses Buch lesen, ist Ihnen die Macht der Berührung vielleicht schon bewusst. Sie sehen in ihr eine Möglichkeit selbst Ihr Wohlbefinden zu steigern.

Sie haben Recht: Ganz egal, welche Massageart Sie wählen, die Wirkung ist spürbar. Schwedische Forscher fanden heraus, dass die Behandlung durch warme Hände, gleich ob knetend, reibend oder streichend, das schmerzlindernde, angstabbauende und stressreduzierende Hormon Oxytocin im Körper freisetzt. Außerdem wird die Ausschüttung der Glückshormone (Endorphine) angeregt. Doch neben Entspannung und guter Laune kann Selbstmassage weit mehr leisten. Voraussetzung ist, selbst aktiv zu werden. Schnell greifen wir bei alltäglichen Beschwerden zu Schmerzmitteln & Co. Dabei ist der wichtigste Teil des Gesundungsprozesses die Selbstheilung. Die Einnahme eines Medikamentes verschafft Erleichterung, doch wir geben die Verantwortung über den Zustand unseres Körpers ab. Entmündigen wir uns nicht auf diese Weise? Ist es nicht besser, auf natürliche Weise durch eigene Hand gesund zu werden?

Sie müssen kein ausgebildeter Masseur sein, um sich selbst effektiv zu behandeln. Werden Sie sich vor dem gezielten Zugriff jedoch klar darüber – Berührung ist Beziehung. Beginnen Sie eine gesunde Beziehung zu sich selbst. Schenken Sie Ihrem Körper und dem Symptom Aufmerksamkeit. Die Konzentration auf sich wird die wohltuende Wirkung verstärken, Störfaktoren können besser erkannt und beseitigt werden. Vergessen Sie nicht: Es liegt in Ihrer Hand. Von Kopf bis Fuß helfen einfache Griffe fernöstlicher, klassischer oder biodynamischer Massagetechniken lästige Alltagsbeschwerden zu bekämpfen. Für alle Techniken gilt: Mit sanftem Druck, Zug oder Streichen an der passenden Stelle werden Selbstheilungskräfte aktiviert, Spannungen lösen sich und die Durchblutung wird angekurbelt. Wichtig ist: Üben Sie sanften Druck auf die entsprechenden Punkte aus, massieren Sie die betroffenen Stellen mindestens eine halbe Minute und spüren Sie dem entstandenen Wohlgefühl nach zwei bis drei Wiederholungen ein paar Sekunden nach. So ist die Massage effektiv, Energien werden freigesetzt und Sie entwickeln ein entspanntes Körpergefühl.

Kurz drücken hier, einmal reiben da: Selbstheilung mit Hilfe von Massage funktioniert nicht per Knopfdruck. Wichtig ist, regelmäßig die passenden Anwendungen zu praktizieren. Stellen Sie sich vor, Sie gönnen sich stets eine Sekunden-Kur. Wer sich über mehrere Monate konsequent selbst behandelt, verbessert langfristig sein Wohlbefinden. Spüren Sie die positive Wirkung der Selbstmassage. Gefallen Ihnen die Techniken? Dann versuchen Sie doch einmal eine Griff-Folge Shiatsu oder Tuina. Je länger Sie massieren, desto nachhaltiger ist der Effekt. Vergessen Sie nicht: Eine gesunde Lebensweise ist Basis für jede Genesung. Gegen einen ungesunden Lebenswandel, falsche Ernährung und fehlende Entspannung kommt Selbstmassage nicht an!

Dieses Buch soll Ihnen als Anleitung zur heilenden Selbstmassage dienen. Der Praxisteil zeigt Griffe und erläutert die Techniken leicht verständlich. Viele Behandlungen sind so gewählt, dass sie fast überall ausgeführt werden können – egal ob Sie sich im Büro, im Bus oder beim Einkauf befinden. Bei einigen Griffen ist es sinnvoll einen Augenblick im Alltag innezuhalten. Für alle Fälle ist es förderlich der Behandlung nachzuspüren. Achtung: Selbstmassage soll keine Medizin und keine Arztbehandlung ersetzen. Wenn Sie an einer schweren Krankheit leiden oder dauernde Beschwerden haben, sollten Sie auf jeden Fall einen Experten aufsuchen, bevor Sie die vorgestellten Massagegriffe anwenden. Ansonsten gilt: Greifen Sie zu. Helfen Sie sich selbst.

Nutzen Sie die Heilkraft der Hände.

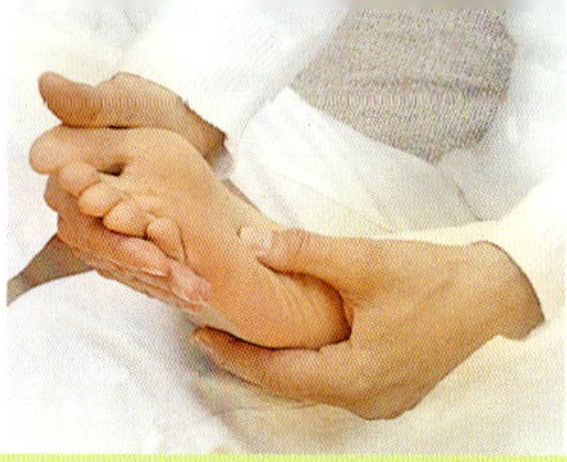

Selbstheilung mit sanftem Händedruck

Alltagsbeschwerden selbst wegmassieren

Legen Sie Hand an!

Bei Schmerzen ist das Reiben der betroffenen Körperstellen eine natürliche Reaktion: Instinktiv nutzen wir die Heilkraft unserer Hände. Denn mit Berührung, Druck, Streichen & Co. werden seit Jahrtausenden die Selbstheilungskräfte aktiviert. Ob traditionelle chinesische, indische oder klassische schwedische Massage – die zahlreichen Methoden helfen gerade in der heutigen hektischen Zeit auf sanftem Weg zu mehr Gesundheit. Massieren heißt Wärme und Geborgenheit zu geben. Die Seele entspannt, der Körper wird geheilt. Ganz ohne Pillen. Dabei ist das Wegkneten von kleinen Wehwehchen keine Kunst. Beschwerden von Allergien bis Zahnschmerzen können mit ein paar Griffen leicht gelindert werden. Leisten Sie erste Hilfe im Alltag, jederzeit und überall. Das tut doppelt gut: Mit jeder Massage kräftigen Sie nicht nur Ihren Körper, sondern stärken auch Ihr Selbstbewusstsein.

Was ist ganzheitliche Massage?

Dank der Wiederentdeckung sanfter Heilmethoden und natürlicher Arzneimittel als Alternative zur Schulmedizin ist das Interesse an ganzheitlicher Massage gewachsen. Kein Wunder: Genauso wie die Homöopathie oder pflanzliche Medizin behandeln diese Massagemethoden den ganzen Menschen. Statt nur das Symptom zu bekämpfen, wird hier das »Ganze« – Körper, Geist und Seele – betrachtet und die krank machende Ursache behoben. Das ist ein uraltes Vorgehen. Bereits vor mehr als 5000 Jahren wurde in China ganzheitliche Massage als Heilmittel eingesetzt. Sie ist bis heute die Grundlage für TCM (Traditionell Chinesische Medizin) und Techniken wie Akupressur, Akupunktur, Tuina und Shiatsu. Einfache Massagen mit Aromen praktizierten allerdings schon die Ägypter. Griechische und römische Ärzte verschrieben sie, um Körper und Seele zu schützen. Sogar im Mittelalter setzten Kräuterkundige und Klostermedizin auf Einreibungen und Knetkuren. Bei Schamanen und Naturvölkern gehört das Handauflegen bis heute zum Heilritual. Gleich welche Kultur, welches Zeitalter und welcher Anlass: Griff für Griff bringt selbst die einfachste Berührungsmethode Wohlbefinden und Entspannung. Dabei wirken westliche Massagearten wie die schwedische Massage auf die Muskulatur und das Bindegewebe ein. Durchblutung und Lockerung werden mechanisch herbeigeführt – die lokale Behandlung lindert den Schmerz. Formen wie die indische Ayurveda- oder Chakra-Massage wurzeln hingegen in der fernöstlichen Vorstellung: Energiebahnen und Zonen im Körper sollen angeregt und im Fluss gehalten werden. Gute Lebensenergie gilt als Schlüssel zur Gesundheit. Meridiane, Akupunkturpunkte und Chakren werden stimuliert, gestaute Energien kommen in Schwung, Stress und Schmerz werden abgebaut, die Sinne belebt. Ob Muskellockerung oder seine innere Mitte finden: Massagen aus Ost und West eignen sich für unterschiedliche Anlässe. Ihr Vorteil: Sie können die Methoden frei nach Ihren Bedürfnissen nutzen.

Hilf Dir selbst!

Schenken Sie sich Aufmerksamkeit. Schmerzen und Unwohlsein sind Warnhinweise des Körpers. Ihre Zuwendung ist gefragt. Es gilt: Bitte berühren! Von Kopf bis Fuß können so kleine Erkrankungen einfach selbst wegmassiert werden. Mehr noch: Sie haben Ihr Wohlbefinden in der Hand. Was früher teurer Luxus war, gönnen Sie sich heute selbst – kostenfrei! Eine Massage kurbelt nicht nur die Selbstheilungskräfte an, sondern ist ein echtes Wellnesserlebnis. Das Einzige, was Sie für die Behandlung brauchen, sind Ihre liebevollen Hände. Die Wirkung Ihrer eigenen Handgriffe wird Sie überraschen. Wer sich schon einmal die schmerzenden Füße massiert hat, weiß, wie sich mit etwas Druck und Reiben schnell wohltuende Wärme einstellt, Schmerzen verschwinden.

Streifen Sie Stress und Hektik ab. Einmal tief eingeatmet, in den Körper hineinhorchen und die Hände an der richtigen Stelle anlegen. Keine Sorge, Massieren lässt sich leicht erlernen. Fehler sind bei der Selbstbehandlung nicht zu befürchten, Handkantenschläge und Druck bis an die Schmerzgrenze unnötig. Sanfter Fingerdruck und zartes Streichen sind Stimulation genug. Wer befürchtet, eine Massage muss Stunden dauern, damit sie etwas bewirkt, irrt. Dreimal 30 Sekunden reichen aus. Mehr Zeit zu investieren, geht selbstverständlich genauso gut. Die Wirkung: ein gesundes Körpergefühl und ein ausgeglichener Geist.

Buchanleitung auf einen Blick

Eine Berührung ist mehr als nur beruhigend. Damit Ihre Hände ein wirkungsvolles Mittel gegen alltägliche Beschwerden werden, finden Sie in diesem Buch Einblick in den Ursprung heilsamer Massagemethoden, bekommen detaillierte Anleitungen zu den unterschiedlichen Grifftechniken und können zu den einzelnen Beschwerdebildern die passenden Anwendungen nachschlagen.

QUICK-TIPP:

Gewusst wie!

- **Sie suchen eine Hilfe gegen eine Beschwerde.** Schlagen Sie im Register (Seite 94) oder ab Seite 24 bei »Alltagsbeschwerden von A bis Z« nach.
- **Sie möchten eine bestimmte Massagetechnik erlernen?** Das Kapitel »Selbstmassage einfach und wirksam« vermittelt ab Seite 14 die wichtigsten Grundlagen der einzelnen Massagemethoden.
- **Sie wollen schnell Energie tanken oder Entspannung finden?** Wohlfühlmassagen finden Sie im Register (Seite 94) und in Kapitel »Entspannung und Energie für Eilige« ab Seite 86.

Do it yourself: Massage-Basics

Einfach berühren

Auch ohne Profimasseur können sicher, praktisch und wirksam Alltagsbeschwerden wegmassiert werden. Vorkenntnisse sind nicht vorausgesetzt. Eine einfache Regel verhindert Fehler: Solange kein Berührungsschmerz auftritt, die Griffe wohltuend, entspannend und beruhigend wirken, machen Sie alles richtig. Problemlos bringen Sie blockierte Energien zum Fließen. Warme und saubere Hände sind die einzige Voraussetzung. Kurze Fingernägel und unberingte Hände verhindern versehentliches Kratzen. Wichtig ist: Üben Sie sanften Druck auf die entsprechenden Punkte aus, massieren Sie die betroffenen Stellen etwa eine halbe Minute und spüren Sie dem entstandenen Wohlgefühl nach zwei bis drei Wiederholungen ein paar Sekunden nach. Schmerzen die Hände nach der Anwendung, haben Sie zu viel Druck ausgeübt. Maximal so stark wie ein Kuchenteig darf geknetet werden. Fleischige, gut gepolsterte Stellen können kräftigeren Druck vertragen als knochige Körperpartien. Fließende, ruhige Bewegungen sind das A und O. So ist die Massage effektiv, Energien werden freigesetzt und Sie entwickeln ein entspanntes Körpergefühl. Das gute daran: Selbstmassage kann jederzeit und überall ausgeführt werden. Egal ob unterwegs, im Job oder zu Hause. Abgedunkelte Zimmer oder eine einstimmende Meditation sind nicht von Nöten. Räucherstäbchen und Duftkerzen können Sie im Schrank lassen. Hilfsmittel sind kein Muss. Weder Entkleiden noch eine besondere Bekleidung ist nötig. Die einzige Bedingung ist die Konzentration auf den eigenen Körper! Lassen Sie die Außenwelt links liegen. Ihre Hände und Ihr Körper erhalten Ihre komplette Aufmerksamkeit. Selbst wenn Sie nur eineinhalb Minuten mit allem bei sich sind, können Sie Linderung und Entspannung finden. Je mehr Sie sich konzentrieren, desto wirkungsvoller ist die Selbstmassage und die Selbstheilungskräfte werden besser aktiviert. Aber nicht vor lauter Konzentration den Atem anhalten! Tiefe, gleichmäßige Atemzüge sind pure Power. Grundsätzlich gilt: Jeder Mensch hat die Fähigkeit seine Hände für Heilzwecke zu nutzen. Die wenigsten wissen wie. Wenn Sie nach den folgenden Anleitungen vorgehen, ist die effektive Selbstmassage schnell gelernt. Dennoch sind nicht alle Massagemethoden für jeden passend. Experimentieren Sie: Was ist angenehm, was unangenehm? Lassen Sie Lästiges einfach weg. Vergessen Sie nicht, die Selbstbehandlungstechniken sind nicht nur Erste-Hilfe-Massagen, sondern wahre Wellness. Sie steigern langfristig ausgeübt Ihre Körperabwehr, Ihr Körpergefühl und Selbstbewusstsein. Wer sich selbst verwöhnt und pflegt, fühlt sich wohl mit sich und in seiner Haut.

Massage-Tabus

Massage vollbringt keine Wunder. Sie ist ein natürliches, simples Mittel zur Selbsthilfe – im Akut-Fall kann sie keine Arznei oder keinen Arztbesuch ersetzen. Gehen Sie daher bei anhaltenden Beschwerden unbedingt zum Arzt. Denn unerklärliche Symptome müssen diagnostiziert werden. Nur so kann eine ernsthafte Erkrankung ausgeschlossen werden.
Vorsicht: Bei Fieber, Bluthochdruck, Herz-Kreislauf-Schwäche, akuten Entzündungen, Infektionskrankheiten, Depression, ansteckenden Hautkrankheiten und Hautkrebs heißt es, Finger weg! Hier sind Massagen nicht hilfreich. Massieren Sie nicht auf gereizter, wunder Haut. Gleiches gilt für Verbrennungen und Erfrierungen. Die gesunden Körperpartien dürfen ruhig geknetet werden. Ausschläge, Bandscheibenvorfälle und Knochenbrüche schließen eine Selbstmassage aus. Frisch operierte Narben, Krampfadern und Thrombosen sind ebenfalls tabu. Bei Epilepsie, Asthma oder schweren Problemen mit der Atmung sollten Sie sich nur mit Erlaubnis des Arztes massieren.

In der Schwangeschaft

Sind Sie schwanger? Dann nur ganz leichten Druck ausüben, Rücken und Unterbauch überhaupt nicht behandeln. Liegt eine Risikoschwangerschaft vor, bitte die Selbstbehandlung unterlassen.

Andere Gründe

Körperliche Schwäche aufgrund langer Krankheit, hohen Alters oder schwerer Arbeit sowie sportlicher Anstrengung verbietet jegliche Form der Einwirkung – ebenso übermäßiger Hunger, Übersättigung und Alkoholgenuss. Wer sich an die Vorsichtsmaßnahmen hält, kann unbesorgt loslegen. Falls dennoch unerwartete Nebenwirkungen auftreten, bitte die Selbstbehandlung abbrechen und einen Arzt aufsuchen.

Top-Gründe für eine eigenhändige Knetkur

Herzlichen Glückwunsch! Selbstmassage heißt Eigenverantwortung übernehmen.
Mit dem Kauf dieses Buches haben Sie den ersten Schritt dafür getan – weg von scheinbar grundlosen Alltagsbeschwerden wie Kopf- und Bauchschmerzen sowie zahlreichen Zivilisationsleiden, hin zu spürbar mehr Energie und Ausgeglichenheit. Durch Ihre Eigeninitiative stärken Sie Gesundheit und Wohlbefinden. Mit Hilfe der eigenen Hände machen Sie sich von unnötiger Medizin unabhängig. Das ist auch eine Erleichterung fürs Portemonnaie. Wer auf seinen Körper achtet und reagiert, beugt Krankheiten vor. Gesundheit ist kein gleichförmiger und selbstverständlicher Zustand. Selbstmassage hält in Bewegung, trainiert Ihre Körperabwehr. Regelmäßig ausgeübt werden körperliche Anstrengungen und seelische Belastungen besser verkraftet. Die anregende Wirkung des Fingerdrucks macht fit. Alle Körperpartien können gestärkt und die Abläufe im Organismus optimiert werden.

Massageplus für eine gesunde Perspektive

Als ganzheitliches Gesundheits- und Pflegeerlebnis hat Selbstmassage nicht nur positiven Einfluss auf unser Wohlbefinden – Symptome können gelindert werden oder sogar völlig verschwinden. Muskelspannung wird abgebaut, das Bindegewebe gekräftigt, die Durchblutung und der Lymphfluss angeregt, Energieblockaden werden aufgehoben, Energiezentren stimuliert, die Zellerneuerung aktiviert, das Körpergefühl und Selbstbewusstsein gestärkt sowie das Immunsystem mobilisiert. Sind die Energiebahnen im Fluss, verschwinden auch Beschwerden wie Wetterfühligkeit, sanfte Streichungen treiben die täglichen Wehwehchen aus.

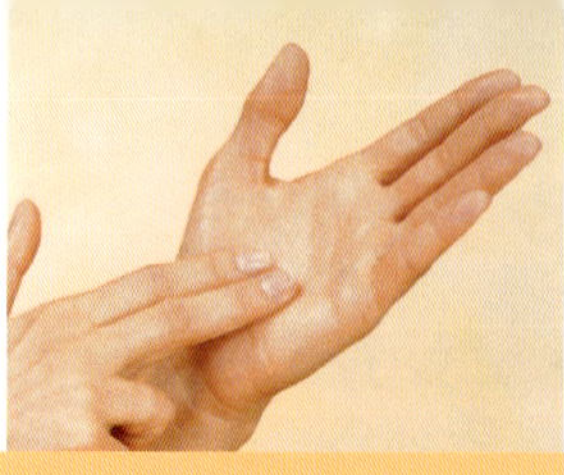

Selbstmassage einfach und wirksam

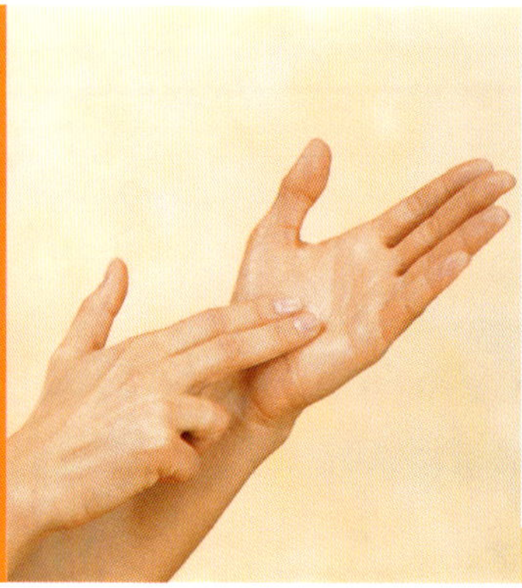

Energie-massagen

Alles im Fluss

Das Qi in Balance zu halten, ist das Ziel zahlreicher asiatischer Massageformen. Die Grundidee ist, dass der Körper von Energiebahnen, den Meridianen, durchzogen wird. Dabei ist jede Bahn einem Organ zugeordnet. Wichtig im dichten Netz des Qi sind zwölf Hauptmeridiane: Sie unterteilen sich nach Yin und Yang – den gegensätzlichen Kräften wie Passivität (Yang) und Aktivität (Yin), der philosophischen Grundlage der TCM. Nur wenn Yin und Yang ausgewogen sind, kann die Energie gleichmäßig fließen. Energie versteht sich hier als Lebenskraft – nicht wie in der Schulmedizin als Energieverbrauch der Organe. Beschwerden können den freien Fluss des Qi in unserem Körper behindern. Denn die Gegensätze sind dann aufgrund körperlicher oder seelischer Belastungen nicht mehr im Gleichgewicht. Energiemassagen lösen Blockaden und bringen die fehlende Power zurück. Die Meridiane kontrollieren neben den Organen auch Aufgabengebiete. So steht der Herzmeridian für die Gefühlswelt. Für die Selbstmassage sind die zwölf Hauptmeridiane sowie zwei Sonderleitbahnen wichtig. Sie werden durch Druck, Streichen und Reiben stimuliert.

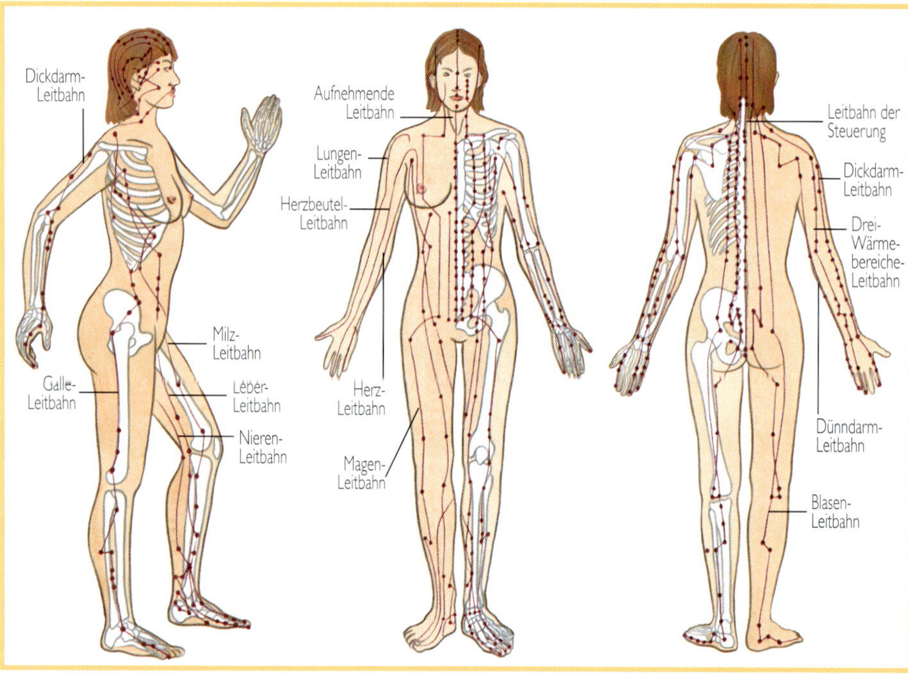

Meridiane

Yang: Dickdarm-, Magen-, Dünndarm-, Blase-, Gallenblase- und Dreifacher-Erwärmer-Meridian
Ying: Lungen-, Milz-Pankreas-, Nieren-, Herz-, Leber- und Kreislauf-Sexualität-Meridian
Sonderleitbahnen: Lenker- und Konzeptionsgefäß

Tuina

Traditionell zur Entspannung und Schmerzlinderung eingesetzt, ist Tuina (tui = schieben, na = greifen) seit Jahrtausenden eine Säule der chinesischen Medizin. Seit der Shang Dynastie (1700 v. Ch.) bis heute wird die Knetkunst der Kaiser als Allround-Heilmittel angewandt. In der modernen asiatischen Medizin spielt Tuina vor allem im Bereich der Orthopädie und Kinderheilkunde eine große Rolle. Behandlungsgrundlage sind die Polarität der Kräfte Yin und Yang. Stören Schmerz und Sorgen den Energiefluss, sollen unterschiedliche Techniken wie Rollen, Reiben und Klatschen helfen Blockaden zu beseitigen.

So geht's:
Tuina umfasst etwa 300 Grifftechniken. Sie lockern nicht nur Muskulatur, Sehnen und Bänder, sondern beleben das Qi. Wichtig: Wie bei der Akupressur wird Tuina vor allem punktuell angewandt. Gleich ob der Griff mit zwei Händen oder nur einem Finger ausgeübt wird – führen Sie die Berührung bewusst und genau aus. Dauer: mindestens 30 Sekunden.

Stärke

Massieren Sie in drei Stärken:

Stärke 1:
sanfter Druck – wie auf einen Schalter

Stärke 2:
mittlerer Druck – wie auf eine Zahnpastatube

Stärke 3:
kräftiger Druck – wie beim Teigkneten

Pressen
Ellbogen, Hände oder Finger üben gleichmäßigen Druck auf einen Meridianpunkt oder eine Energiezone aus. Vermeiden Sie das plötzliche Verändern der Massagestärke. Die Fingerkuppen sind perfekte Pressinstrumente für alle Körperpartien.

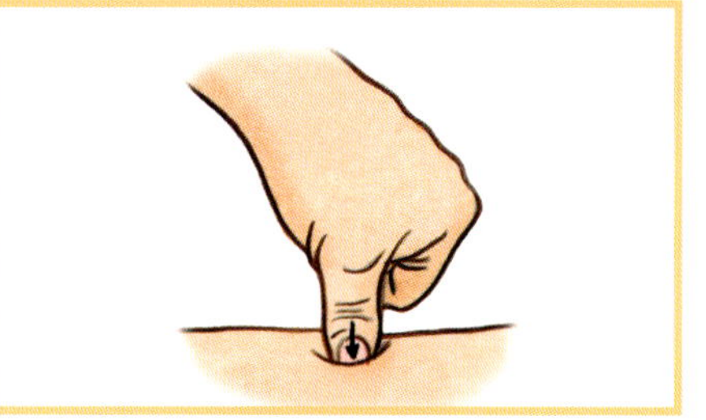

Kneten
Handflächen, Finger oder Ellbogen reiben mit sanften, gleichmäßigen Kreisbewegungen auf Körperteilen und -punkten. Das Handgelenk bleibt dabei locker.

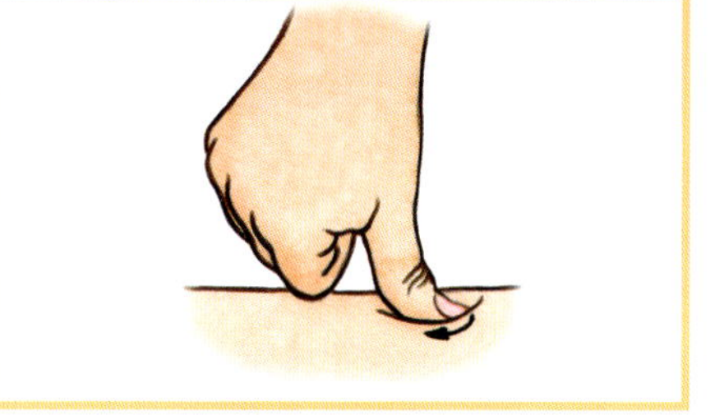

Rollen
Den leicht und locker gewölbten Handrücken rollen Sie behutsam und fließend von der Handkante über den Handrücken zum Kleinfingerballen und zurück. Wichtig dabei ist der ständige Hautkontakt. Die Bewegung wird vom Unterarm unterstützt.

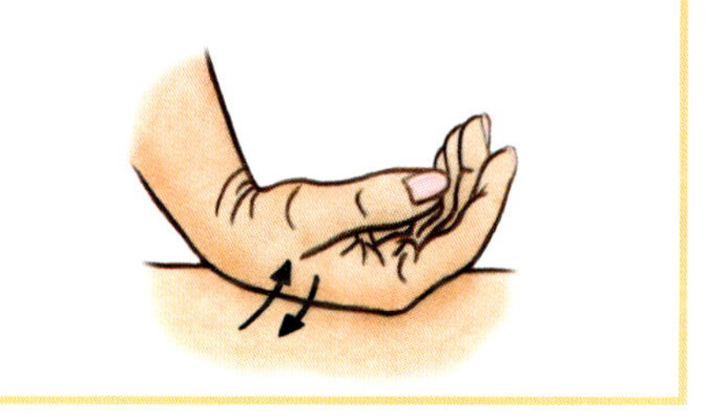

Reiben
Zeige-, Mittel- oder Ringfinger reiben mit lockerem Handgelenk kreis- oder linienförmig mäßig kraftvoll und sorgsam. Die Bewegung wird langsam ausgeführt, ohne zu zerren.

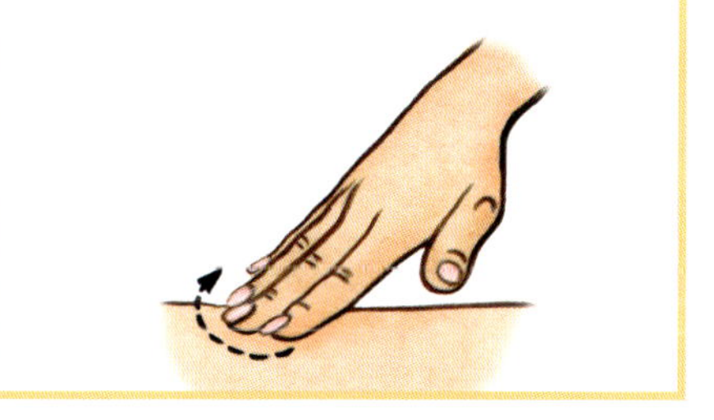

Klatschen
Halten Sie das Handgelenk gebeugt und entspannt. Zusammengehaltene Finger, Handaußenseite und Handballen klatschen geräuschvoll auf die Haut.

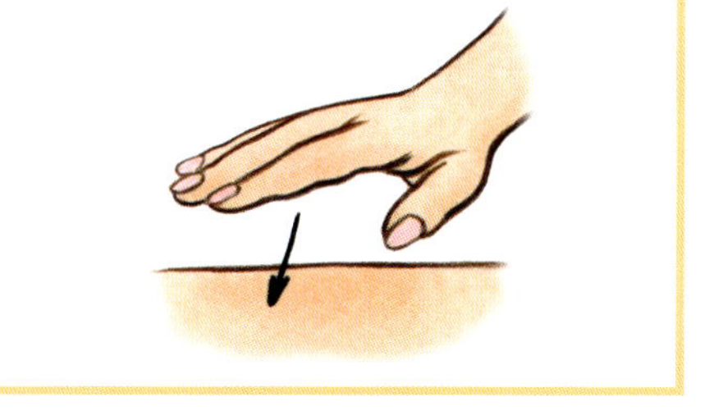

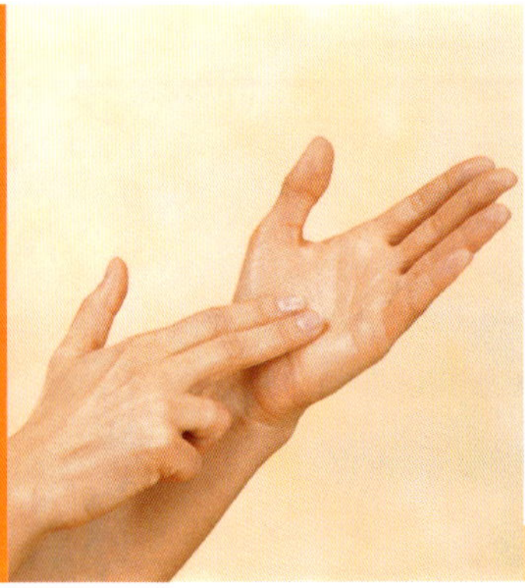

Verwandte Techniken

Akupressur

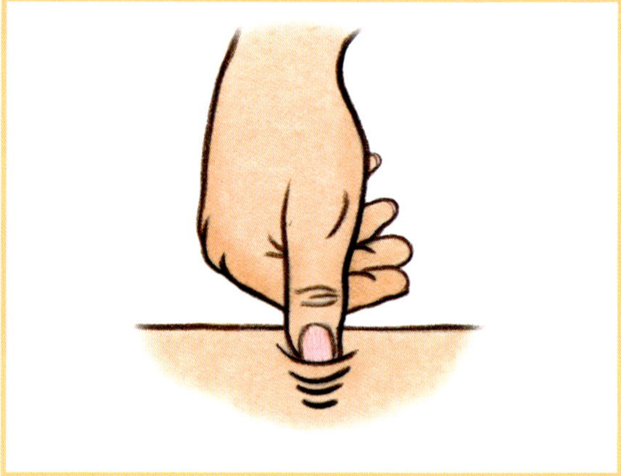

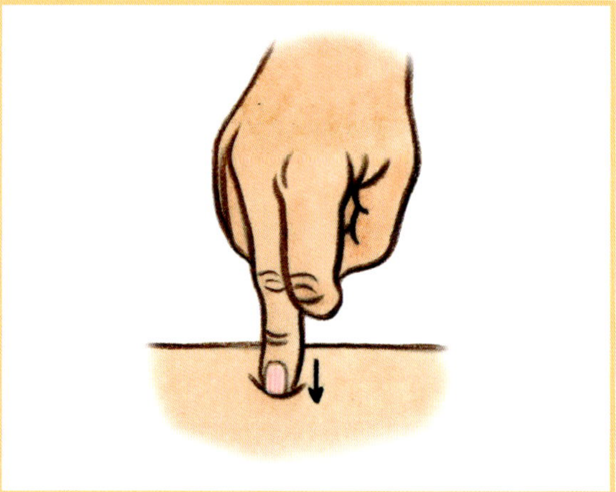

Akupressur bedeutet heilen durch Druck. Geistiger Vater der sanften Druckpunkttechnik soll der sagenhafte chinesische Kaiser Huang Di sein. In seinem medizinischen Sammelwerk »Des Gelben Kaisers Klassiker der inneren Medizin« begründete er bereits vor 5000 Jahren die Ursprungsmethode Akupunktur. Während diese Heilkunst mit Nadelstichen arbeitet, ist Akupressur quasi händische Akupunktur für den Hausgebrauch. Ihr Grundprinzip: das Polaritätenpaar Yin und Yang und die Lebensenergie Qi. Ihr Ziel: die Aktivierung von Energiepunkten durch Druck (Aku von acus lat. = Punkt, pressur von pressare lat. = drücken).

Selbst wenn die Wirkung wissenschaftlich nicht belegt ist, Sie werden den Erfolg der Massage erleben. Denn bei der Akupressuranwendung werden vermehrt körpereigene Antischmerzstoffe und Entspannungshormone ausgeschüttet. Ihr Schmerz schwindet spürbar.

Stärke

Massieren Sie mit sanftem, gleichmäßigem Druck, Stärke 1, oder kurz und kräftig, Stärke 3.

So geht's

Keine Angst: Sie müssen die 361 klassischen Akupressurpunkte auf den Meridianen nicht alle kennen. Auch die 90 Punkte außerhalb des Qi-Stroms nicht.

Wichtig ist, dass Sie Ihrem Bauchgefühl und Ihrer Wahrnehmung trauen. Dann werden Sie mit Hilfe der Anleitungen aus diesem Buch schnell treffsicher. Für die Selbstbehandlung im Alltag genügt es, die Grundfunktion der Punkte zu wissen. Ihre Wirkungen sind Harmonisierung, Anregung und Beruhigung. Spezialpunkte außerhalb des Meridianstroms dienen der Behandlung komplexer Störungen. Als Orientierung: Harmonisierungspunkte liegen an Anfang und Ende jedes Meridians – pro Meridian gibt es einen Anregungs- und Beruhigungspunkt. Druckdauer: 30 Sekunden bis zu 2 Minuten.

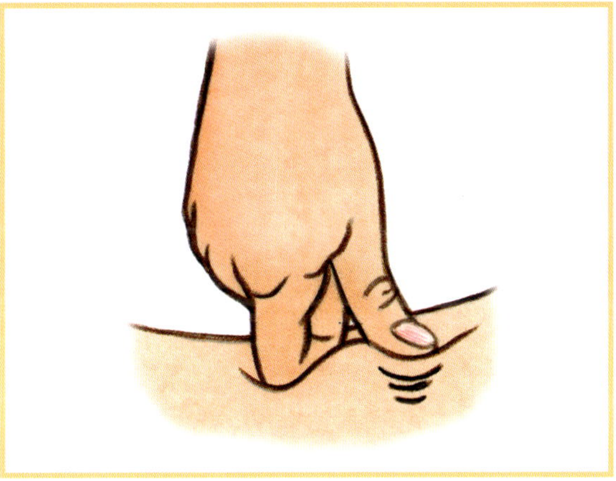

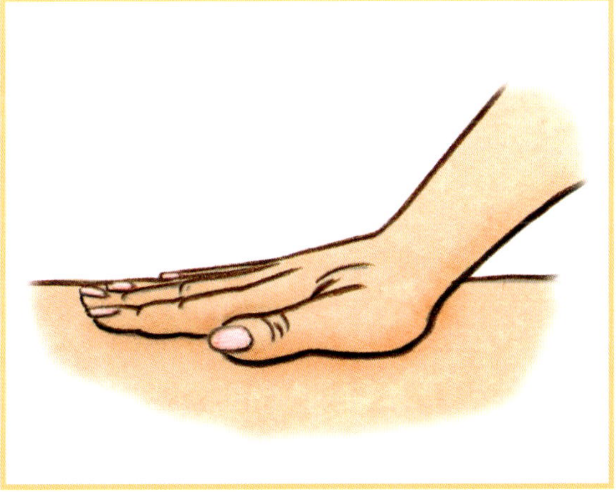

Drücken

Die Fingerkuppe von Daumen oder Zeigefinger massiert mit kleinen Kreisbewegungen den Druckpunkt (Abbildung Seite 18 oben). Kreise im Uhrzeigersinn wirken anregend, gegen den Uhrzeigersinn beruhigend. Beim Sedieren mit der Fingerkuppe erst leichten, dann stärker werdenden Druck ausüben (Abbildung Seite 18 unten).

Shiatsu

Shiatsu wird auch als fernöstlicher Fingerdruck der Moderne bezeichnet. Shiatsu (shi = Finger, atsu = Druck) bewirkt Ausgleich und Anregung. Zu Beginn des 20. Jahrhunderts aus den traditionellen chinesischen Heilmethoden entwickelt, kombiniert die junge japanische Massagemethode zwei altbewährte Techniken. Ihre Grundlagen: die Energielehre des Qi (japanisch = Ki), die Meridiane sowie Yin und Yang.

So geht's

Shiatsu, Tuina und Akupressur haben das gleiche Ziel: Stauungen im System mit Druck zu lösen. Shiatsu nutzt die Kraft der Finger, Ellbogen, Unterarme und Handflächen. Für die Selbstbehandlung reicht der Einsatz von Fingern und Händen. Kneten Sie sich nur, wenn Ihr Körper warm ist. So vermeiden Sie gesundheitliche Schäden. Üben Sie senkrechten Druck aus, das bringt Schwung in Ihren Energiekreislauf. Druckdauer: 2 bis 7 Sekunden.

Fingerdrucktechnik

Mit den Knöcheln von ein bis vier Fingern oder mit der Daumenkuppe Druck ausüben (Abbildung links oben).

Handflächendruck

In fließender Bewegung mit der Handfläche kreisen, reiben, greifen und Wellen bilden (Abbildung links unten).

Stärke

Die Griffe sind sanft und lang, Stärke 1, oder kurz und kräftig, Stärke 3.

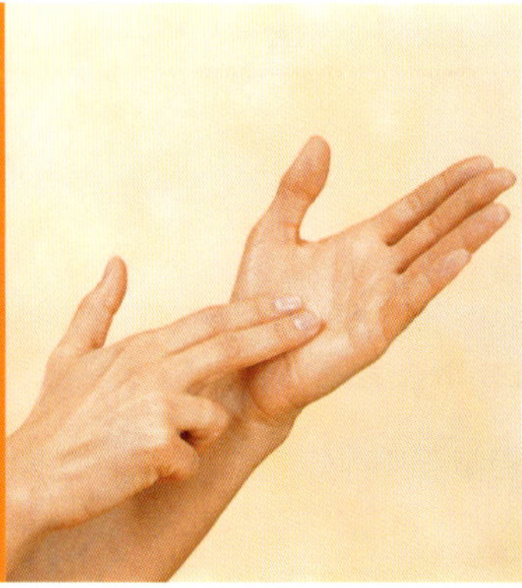

Reflexzonen-massage

Heilende Reize an Hand und Fuß

Durch Drücken von Zonen an Händen und Füßen den Körper zu harmonisieren und zu heilen, beherrschten bereits viele alte Kulturen. Ägypter, Asiaten und Indios gingen davon aus, dass bestimmte Zonen an Füßen und Händen und innere Organe zusammenhängen.
Den Grundstein der modernen Reflexzonentherapie legte jedoch erst zu Beginn des 20. Jahrhunderts der amerikanische HNO-Arzt Dr. William H. Fitzgerald (1872 bis 1942). Den richtigen Griff an die richtige Stelle zu setzen, machte die Physiotherapeutin Eunice Ingham-Stopfel möglich. Sie erkannte in den 30er Jahren des 20. Jahrhunderts, dass Hände und Füße Miniaturnachbildungen des Körpers sind. Heute wird in den Massagepraxen meist die Fußreflexzonenmassage praktiziert. Ihr persönlicher Pluspunkt: Die manuelle Fußarbeit mit Heilwirkung eignet sich perfekt zur Selbstbehandlung.

So geht's

Die Grundlage der Massagemethode ist der Cuti-viscerale Reflex. Organe und Haut senden Informationen via Nervenbahnen zum Rückenmark. Wie in einer Verteilerdose treffen dort die Leitungen zusammen. Die gesammelten Nachrichten werden von hier aus an das Gehirn gesendet. Durch diesen Zusammenschluss der Leitbahnen im Rückenmark sind Wechselwirkungen möglich. Die Folge: Reize an den Reflexzonen senden Impulse an Organe und die zugehörige Körperregion. Bevor Sie jetzt mühsam alle Reflexzonen auswendig lernen, hier eine Merkhilfe: Der linke Fuß entspricht der linken, der rechte der rechten Körperseite (ohne Beine). Dabei liegt die Kopfzone an den Zehen, die Beckenzone am Fußballen. Alles weitere erklärt Ihnen die Griffanleitung bei den Beschwerdebildern. Hauptmassagewerkzeug ist der Daumen. Halten Sie diesen möglichst fast gestreckt und im ständigen Kontakt mit den Füßen. Oberstes Gebot: Füße vor der Behandlung warm rubbeln. Sind sie kalt oder gar krank (z. B. Fußpilz, Hühneraugen, Schrunden), kann das ein Hinweis auf eine Körperschwäche sein. Hier hilft der Rat eines Reflexzonen-Experten weiter. Lassen sich kristalline Ablagerungen im Gewebe tasten, ist Fingerspitzengefühl gefragt. Regelmäßige Reflexzonenmassage löst die Ablagerungen auf. Los geht's: Den Fuß auf den Oberschenkel des anderen Beines legen, mit einer Hand stützen, mit der andern die Sohle massieren. Dauer: 1 bis 2 Minuten.

Stärke

Den bestimmten, aber behutsamen Druck langsam steigern oder reduzieren, Stärke 1 – 3 – 1.

Kreisen

Diese Massage wirkt anregend: Beschreiben Sie kleine Kreise mit der Daumenkuppe. Wichtig: fester Druck und fließende Bewegungen (Abbildung Seite 21 links unten).

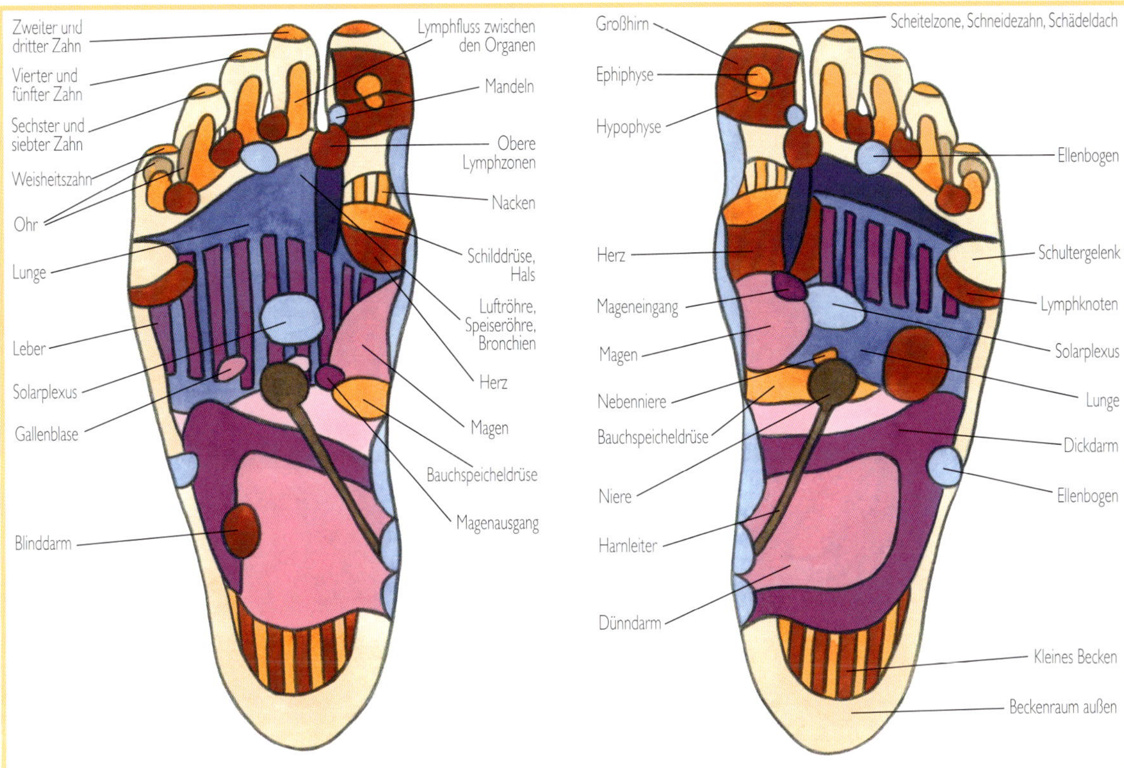

Drücken

Der Sedierungsgriff lindert Schmerzen: den Daumen konstant, kräftig in die betroffene Zone drücken. Selbst wenn der Schmerz nachlässt, den Druck mindestens 1 Minute halten (Abbildung Mitte unten).

Raupengang

Üben Sie an- und wieder absteigenden Druck aus. Ohne Hautkontakt zu verlieren, die Fingerkuppe in die nächste Zone schieben bzw. streichen. Es entsteht eine wellenartige Bewegung (Abbildung rechts unten).

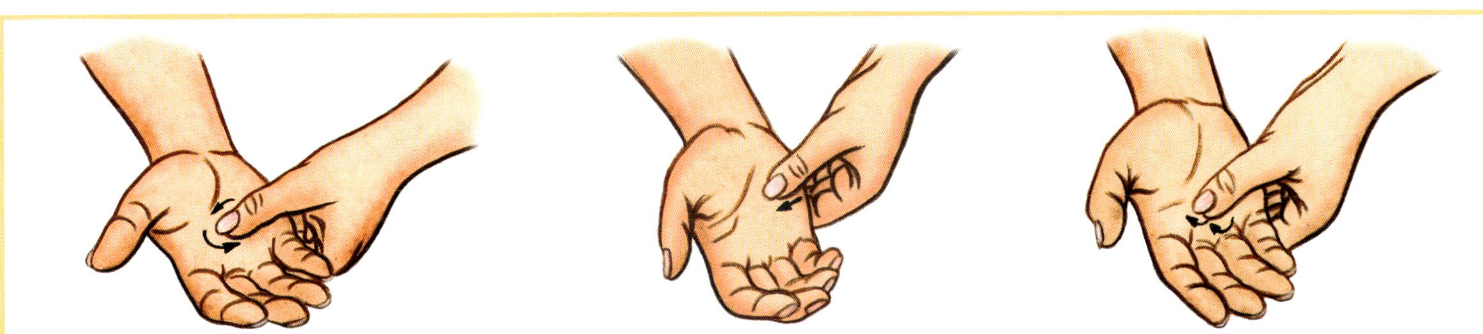

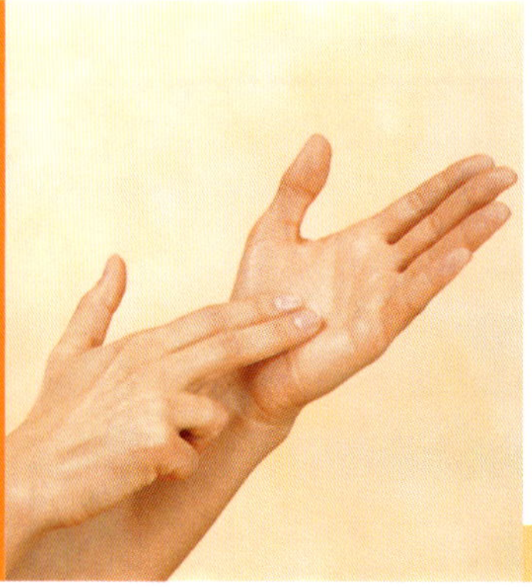

Schwedische Massage

Sanfte Streicheleinheiten gegen Schmerzen

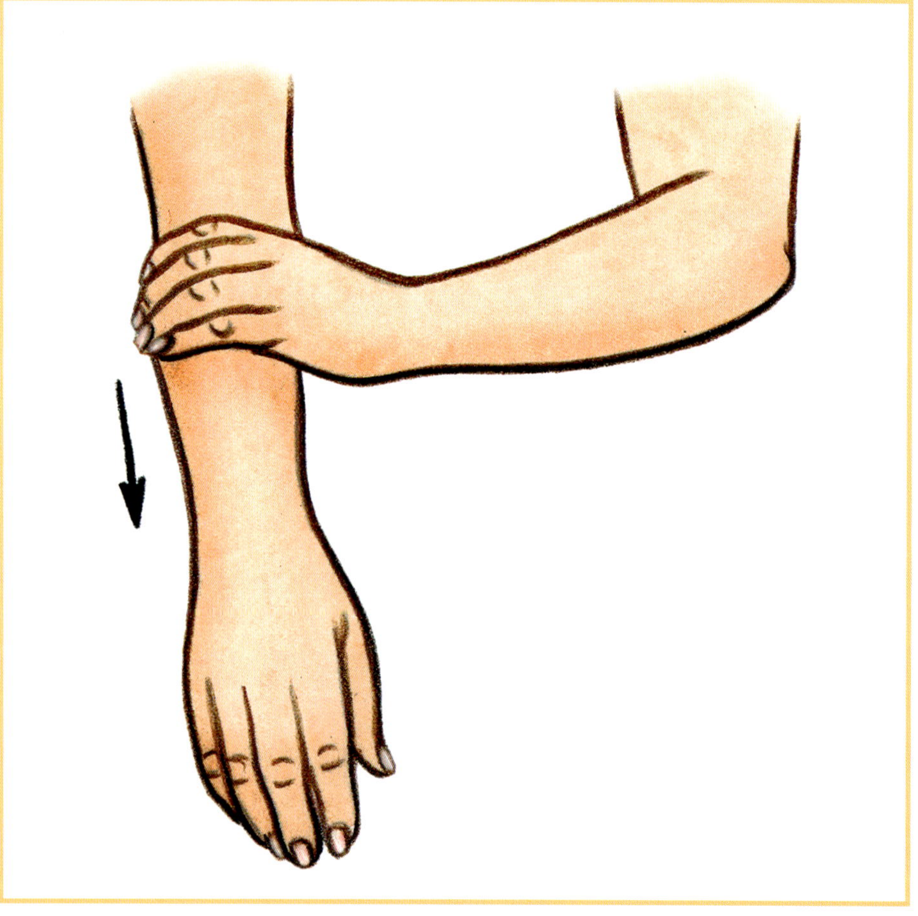

Sie ist der Klassiker unter den Massagetechniken: die schwedische Massage. Ihre Entstehungsgeschichte beruht auf einem starken Selbstheilungswillen und nicht wie die meisten Massagen auf langer Tradition.
Um seine rheumatischen Beschwerden zu kurieren, entwickelte der Schwede Per Henrik Ling Anfang des 20. Jahrhunderts eine wirksame Behandlungsmethode, die Körpermassage und Leibesübungen kombiniert. Mit Erfolg! Bis heute ist die klassische, schwedische Massage die populärste Entspannungs- und Heilmassage überhaupt. Es war jedoch der Niederländer Johan Georg Mezger (1839 bis 1909), der die Knetkur kompatibel für jedermann machte. Wer heute westliche Massagetechniken nutzt, nimmt sein Griffsystem zur Grundlage. Wobei er die französischen Fachausdrücke (effleurage, petrissage, friction) einführte.

Die schwedische Massage sorgt für eine stärkere Durchblutung und Anregung des Lymphflusses, Verbesserung der Muskelspannung, Regulierung der Atmung und Entspannung auf allen Ebenen.

So geht's

Drei Arten der Berührung sind für die schwedische Selbstmassage wesentlich: Streichen (effleurage), Kneten

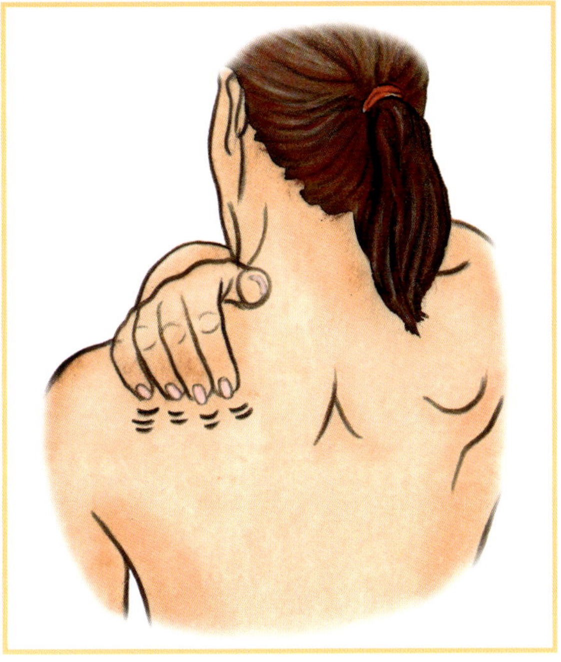

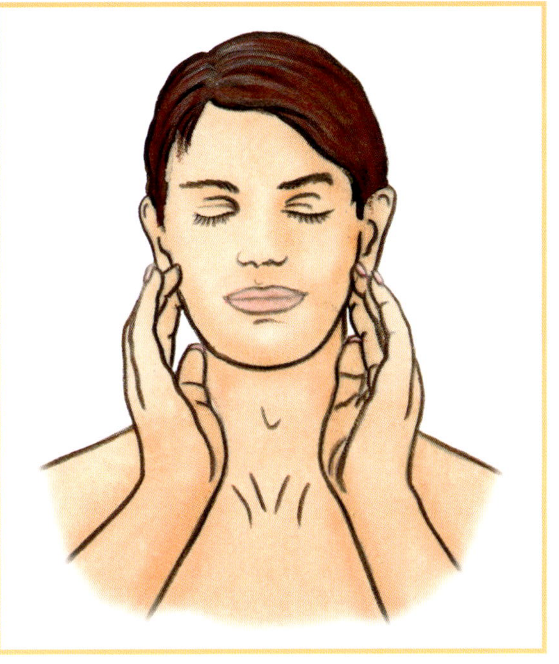

Stärke

Kneten Sie kräftig, ohne dabei brutal zu werden, Stärke 3. Reiben und Streichen stets sanft ausführen, Stärke 1.

(petrissage), Reiben (friction). Dabei sollte der ausgeübte Druck nicht zu stark sein. Nur der Profi geht mit dem Griff unter die Haut. Es gibt Techniken, die Sie dem geübten Spezialisten überlassen sollten. Handkantenschläge bleiben bitte Ihrem Physiotherapeuten vorbehalten. Grundsätzlich gilt: Führen Sie Streichungen immer in Richtung Herz aus: Die Durchblutung wird dadurch gefördert, bei der Behandlung gelöste Schlacken werden abtransportiert. Einzige Ausnahme ist die Fußmassage. Hier geht die Streichbewegung vom Körper weg. Für eine effektive Selbstmassage ist die Grifffolge streichen, kneten, reiben sinnvoll. Streichungen machen den Muskel weich, Kneten lockert ihn und Reiben regt seine Durchblutung an. So werden die Heilkräfte optimal angekurbelt und der Körper relaxt. Achten Sie beim Streichen auf Verhärtungen und Knötchen. Betroffene Stellen sind mit Vorsicht, aber regelmäßig und bestimmt zu behandeln. Wer Hand anlegt, sollte sie vorher warm rubbeln (30-mal die Hände schnell aneinander reiben). Massagedauer: mindestens 1 Minute. Vor einer Wiederholung oder einem Seitenwechsel der Massage kurz nachspüren.

Streichen

Streichen Sie mit der Handfläche sanft über die Haut, üben Sie dabei gleichmäßig Druck aus (Abbildung Seite 22).

Kneten

Hand mit zusammengehaltenen Fingern flach auflegen, Handfläche zudrücken. Finger und Daumen greifen, pressen und rollen das Muskelgewebe. Wichtig: ständiger Hautkontakt (Abbildung links).

Reiben

Mit dem Daumen in kleinen Kreisbewegungen den Muskel reiben. Für eine Vorwärtsbewegung die Kreise zu Spiralen öffnen (Abbildung rechts).

Selbstmassage gegen Alltags-beschwerden von A bis Z

Allergien

Sobald der Frühling kommt, leiden Sie unter tränenden, juckenden Augen, ständigem Niesreiz und Husten? Dann haben Sie die Volkskrankheit Nummer 1 – Heuschnupfen! Auslöser der Allergie sind Blütenpollen von Gräsern oder Bäumen. Schwinden die Symptome auch im Winter nicht, liegt meist eine Hausstaub- oder Tierhaarallergie vor. Machen Nesselsucht, erhöhte Temperatur und asthmatische Anfälle Ihnen das Leben schwer, sollten Sie unbedingt zum Allergologen gehen. Nur der Experte kann einem Etagenwechsel von Nase auf Lunge vorbeugen.

Besonders sinnvoll bei Heuschnupfen ist das Nasenspülen mit isotoner Salzlösung. Die Pollen werden dabei sanft und gründlich aus der Nase gespült. Hierdurch kann nachweislich der Bedarf antiallergischer Medikamente reduziert werden. Bekommen Sie schon fast allein vom Gedanken an ein bestimmtes Nahrungsmittel Ausschlag und Atemnot, so sind diese für Ihren Körper unverträglich. Aus psychischen oder körperlichen Gründen ist Ihr Abwehrsystem gestört und es kommt zu einer Überreaktion. Greifen Sie zu: Regulieren Sie Ihre Reaktion auf Reizstoffe, beugen Sie Heuschnupfen und Hautproblemen vor.

TIPP

Hilft auch bei Harnwegs- und Blasenentzündungen. Im Akutfall täglich und bei Besserung 2-mal wöchentlich massieren.

Fußreflexzonenmassage

1 Massieren Sie sanft die Reflexzonen der Nieren, des Solarplexus sowie des Dünn- und Dickdarms an beiden Fußsohlen. Wo genau? In der Mitte der Fußgewölbe, zwischen dem zweiten und dritten Mittelfußknochen und zwei Fingerbreit darüber sowie das mittlere Fußsohlendrittel.

Wirkung

Linderung und Vorbeugung allergischer Beschwerden wie Juckreiz in den Augen, Schnupfen und Ausschlag. Harmonisierung des vegetativen Regulationssystems, des so genannten Eingeweidesystems.

Griffe

Ein bis zwei Minuten mit der Daumenkuppe kreisen, danach im Raupengang massieren.

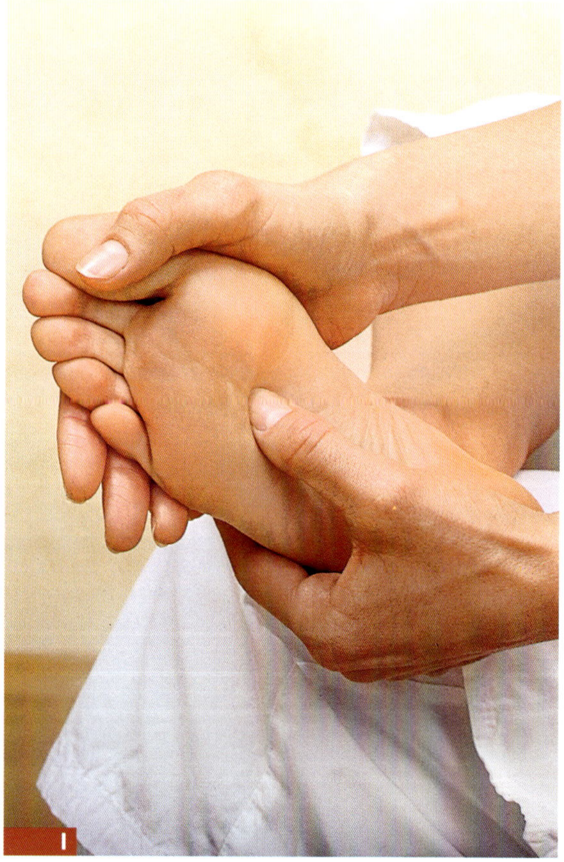

1

2

TIPP

Hilft auch bei einer Entzündung der Nasenschleimhaut (Rhinitis) und der Nasennebenhöhlen (Sinusitis).

Stärke

Gleichmäßiger, sich langsam steigernder und wieder abnehmender Druck, Stärke 1 – 3 – 1.

Wiederholung

1- bis 2-mal pro Woche, auch wenn die Beschwerden abgeklungen sind.

Gegenanzeigen

Anhaltende Schmerzen oder Verschlechterung der Symptome.

Akupressur

2 Um eine volle Heuschnupfennase zu vermeiden, einfach mit den Zeigefingern jeder Hand abwechselnd in den Grübchen der Nasenflügel (Akupunkturpunkt »Getreidespeicher«) und unterhalb des Nasenlochs (AK »Willkommen der Düfte«) massieren.

Wirkung

Die Durchblutung der Nase wird angekurbelt, die Selbstheilungskräfte der gereizten Schleimhäute werden angeregt. Schnupfensymptome werden gedämpft, gleichzeitig die Entzündung gehemmt.

Griffe

Mit der Fingerkuppe der Zeigefinger punktieren bzw. drücken ohne zu Kreisen. Dauer: 30 Sekunden. Beide Seiten massieren.

Stärke

Gleichmäßig sanft drücken, Stärke 1.

Wiederholung

3-mal hintereinander punktieren. Im Akutfall mehrmals täglich wiederholen.

Gegenanzeigen

Bei blutenden Nasenlöchern bzw. verletzter Nasenschleimhaut darf nicht massiert werden.

Angst

Sie beschleicht Sie vor einem besonderen Ereignis oder plötzlich und unerwartet – Angst zeigt sich in vielen Arten. Schweißausbrüche, Atemnot, Bauchschmerzen oder Verdauungsbeschwerden sind ihre Begleiter. Egal, ob als Reaktion vor drohender Gewalt oder Verlust, in unberechenbaren Situationen schärft sie die Sinne. Doch immer häufiger ist Angst unmotiviert und unerwünscht. Klopft das Herz heftig vor einer Prüfung oder einem Bewerbungsgespräch, wird der Magen flau vor dem Abheben mit dem Flugzeug oder beunruhigen Sie Ihre eigenen Gedanken, helfen ein paar gezielte Griffe die Angst zu besänftigen, Körper und Geist zu lösen. Sprechen Sie außerdem mit Familie und Freunden über die Dinge, die Sie beunruhigen. Das erleichtert und entspannt. Aber Achtung: Nimmt Angst in Ihrem Alltag überhand, holen Sie unbedingt Hilfe vom Profi. Ist die Furcht nicht krankhaft, können Sie sich mit wenigen Massagegriffen selbst helfen.

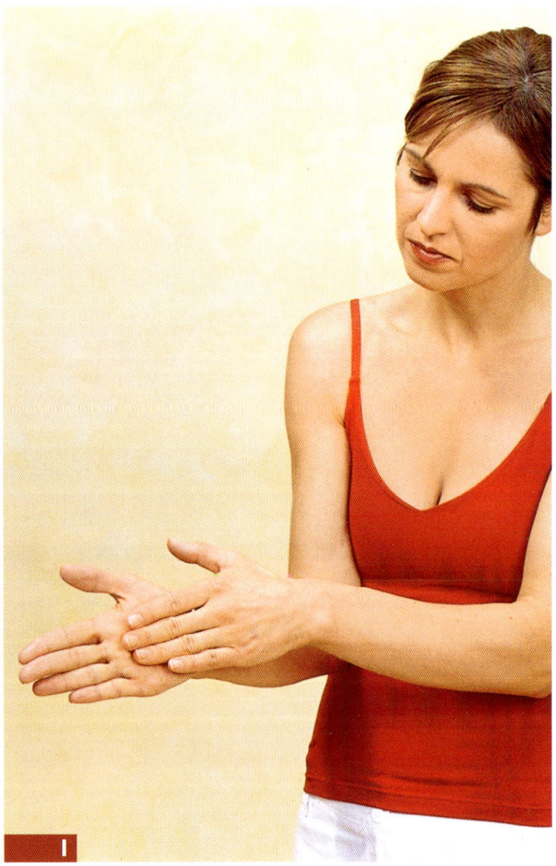

Tuina

1 Nehmen Sie sich selbst bei der Hand und verreiben Sie die Angst. Beide Hände flach öffnen. Zeige-, Mittel- und Ringfinger der jeweils anderen Hand auf die Mitte des Handtellers (AK »Palast der Mühsal«) legen. Mit allen drei Fingern massieren.

Wirkung

Die Anregung des Akupunkturpunktes öffnet die Energieblockaden, die Selbstwahrnehmung wird stabilisiert, unkontrollierte Kräfte werden gebändigt.

Griffe

Reiben Sie so lange gleichmäßig, kraftvoll und gerade mit flach aufgelegten Fingerkuppen, bis die behandelte Handfläche warm ist. Gleichmäßig und tief ein- und ausatmen.

Stärke

Zeige- und Ringfinger üben kraftvollen Druck aus, der Mittelfinger reibt sanft, Stärke 3 und Stärke 1.

TIPP

Hilft auch bei Schlafstörungen, Nervosität und Schluckauf.

Wiederholung
Massieren Sie jede Handfläche einmal, im Notfall mehrmals täglich.

Gegenanzeigen Keine bekannt.

Akupressur

2 Entspannung durch Druck – das geht: Massieren Sie gleichzeitig an beiden Beinen in den Vertiefungen etwa vier Querfinger unterhalb der äußeren Kniegelenkgrube (AK »Göttlicher Gleichmut«). Wichtig: während des Pressens ruhig weiteratmen.

Wirkung
Beklemmende Blockaden werden gelöst, das vegetative Nervensystem und die Psyche kommen wieder in Balance. Sie entspannen sich.

Griffe
Pressen Sie mit der Fingerkuppe der Mittelfinger ohne zu kreisen. Dauer: den Druck mindestens 90 Sekunden halten. Ideal: 5 Minuten.

Stärke
Üben Sie mittleren Druck aus, Stärke 2.

Wiederholung
3-mal täglich.

Gegenanzeigen
Falls Entzündungen oder Verletzungen am Kniegelenk vorliegen, bitte jegliche Krafteinwirkung unterlassen.

Tipp
Hilft auch bei innerer Unruhe, Durchblutungsstörung der Füße, Reisekrankheit und Einschlafstörungen.

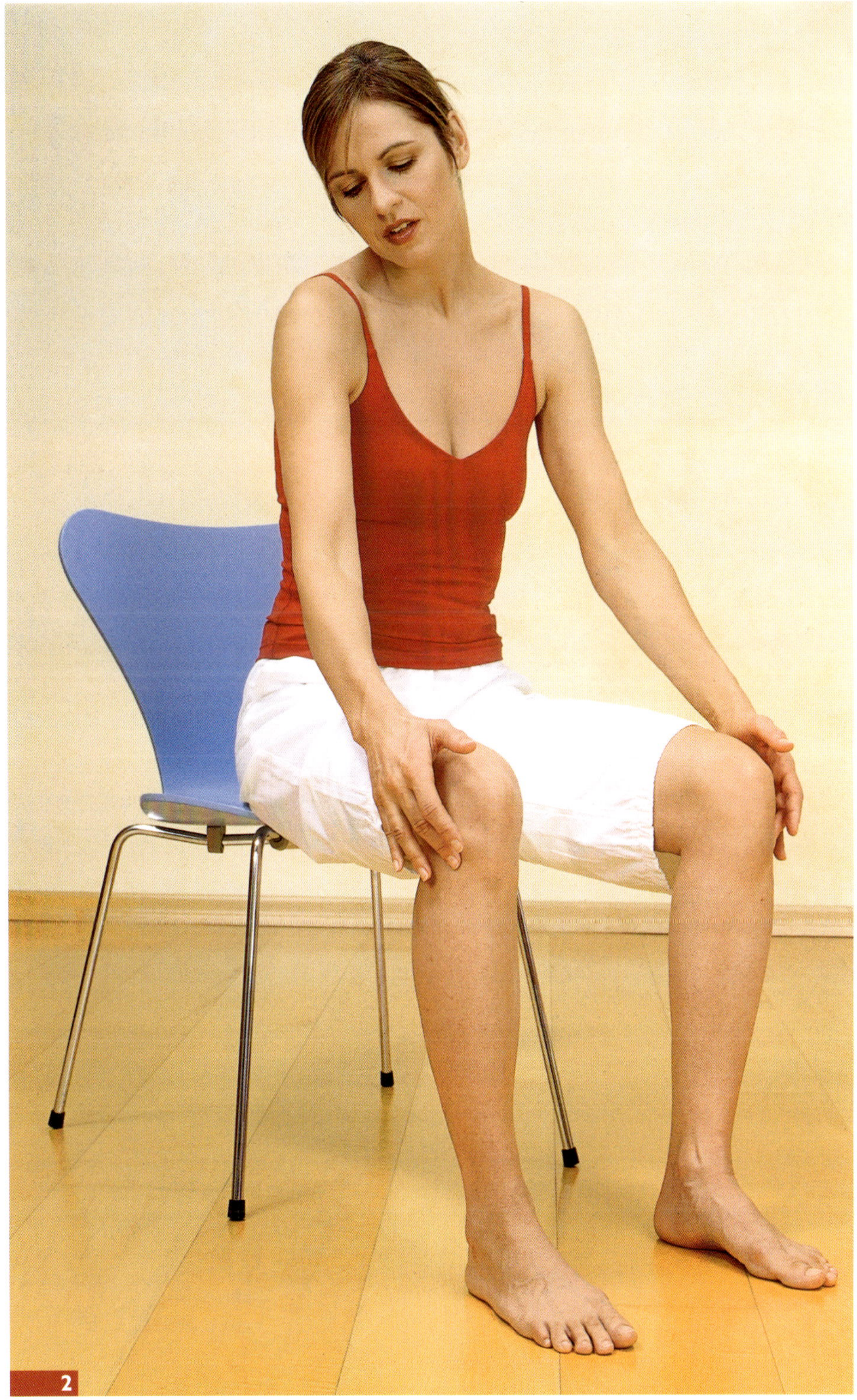
2

Augenschwäche

I

TIPP

Hilft auch bei Kopfschmerzen, Faltenbildung um die Augen, Kurz- und Weitsichtigkeit.

Überanstrengung der Augen ist im Computerzeitalter Normalität. Das stundenlange Blicken auf eine schwache Lichtquelle, gleich ob PC, TV oder Nähmaschine, ist Gift für unser Sehvermögen. Wenn Ihr Sichtbild flackert, Sie die Augen ständig zusammenkneifen müssen oder Sie Kopf- und Nackenschmerzen vom konzentrierten Blicken haben, hilft sanftes Kneten am Kopf. Um dauerhafte Sehschäden zu vermeiden, sollten Sie jede halbe Stunde eine Pause einlegen. Lassen Sie Ihren Blick schweifen, fixieren Sie ein paar Sekunden abwechselnd ferne und nahe Objekte. Der wiederholte Blickwechsel hält das Auge fit. Tritt keine Besserung ein, hilft der Rat von Augenarzt und Optiker. Wenn eine Fehlsichtigkeit vorliegt, kann durch eine Brille die schleichende Verschlechterung der Sicht meist noch rechtzeitig verhindert werden. Selbstmassage stärkt die Sehkraft und beugt Fehlsichtigkeit vor.

Tuina

I Nehmen Sie den Druck von Ihren Augen: Einfach mit Daumen und Zeigefinger einer Hand die an der Nasenwurzel liegenden Enden der Augenbrauen massieren (AK »Sammeln von Bambus«). Welche Hand als Werkzeug dient, ist frei wählbar.

Wirkung
Die Müdigkeit und Anstrengung der Augen wird gemildert, bei täglicher Anwendung sogar vertrieben. Regelmäßig angewendet, kann leichte Fehlsichtigkeit verbessert werden.

Griffe
Pressen Sie kurz mit den Fingerkuppen, dann die Nasenwurzel kneifen und die Haut nach vorne wegziehen. Dauer: mindestens 90 Sekunden lang den Griff wiederholen. Wer Zeit hat, presst 72-mal.

Stärke
Sanft und gleichmäßig Druck ausüben. Vorsichtig die Haut ziehen ohne zu reißen, Stärke 1.

Wiederholung
Bei stetiger Belastung der Augen, mindestens 1-mal täglich.

Gegenanzeigen
Plötzlicher Schwindel und Unwohlsein.

Shiatsu

2 Ständige Augenprobleme bereiten Ihnen Kopfschmerzen und machen hässliche Kneiffalten. Drücken Sie einfach mit den Daumen beider Hände im Nacken, in der Vertiefung an den unteren Ecken des Hinterkopfes (AK »Jadekissen«). Wandern Sie mit den Fingern ein Stückchen weiter diagonal nach oben (AK »Teich des Windes«). Die Kraft sollte nicht von den Fingern kommen, sondern vom Gewicht des Schädels, den Sie praktisch in Ihre Hände legen.

Wirkung
Sehstörungen werden gelindert, die Augen entspannt. Außerdem erreichen Sie eine Lockerung im Nackenbereich.

Griffe
Mit der Kuppe der Daumen pressen. Mit leichtem Druck nach außen wandern. Dauer: 30 Sekunden an jedem Akupunkturpunkt verweilen.

Stärke
Sanft und lang, Stärke 1.

Wiederholung
Im Akutfall mehrmals, vorbeugend 1-mal täglich.

Gegenanzeigen
Bei Unwohlsein und Beklemmungen oder zunehmender Verspannung nicht selbst massieren.

2

TIPP

Hilft auch bei Tinnitus, Schwindel und Kopfschmerzen.

Asthma

Atemnot, Kurzatmigkeit, Beklemmungen im Brustbereich: Bei einem Asthmaanfall bleibt einem quasi die Luft weg. Krampfhafter Husten, zäher Schleim und Angstzustände begleiten oft die Anfälle. Kinder und Jugendliche sind besonders häufig davon betroffen. Auslöser sind Allergene, Reizstoffe wie Pollen, Lebensmittel und Medikamente. Oder ein Infekt belastet die Atmungsorgane. Wenige Minuten bis mehrere Stunden kann die krankhafte Atemnot anhalten. Je früher Sie zum Arzt gehen, desto größer sind die Heilungschancen. Entspanntes Luftholen ist die Voraussetzung für einen ungehinderten Energiefluss im Körper! Scheint die Ein- und Ausatmung aus dem Rhythmus geraten, fühlen Sie sich beengt, können Sie mit gezielter Selbstmassage Abhilfe schaffen.

Schwedische Massage

1 Sie wollen befreit Luft holen? Setzen Sie sich aufrecht hin, die Schultern locker lassen. Tief einatmen

TIPP

Hilft auch bei Angst.

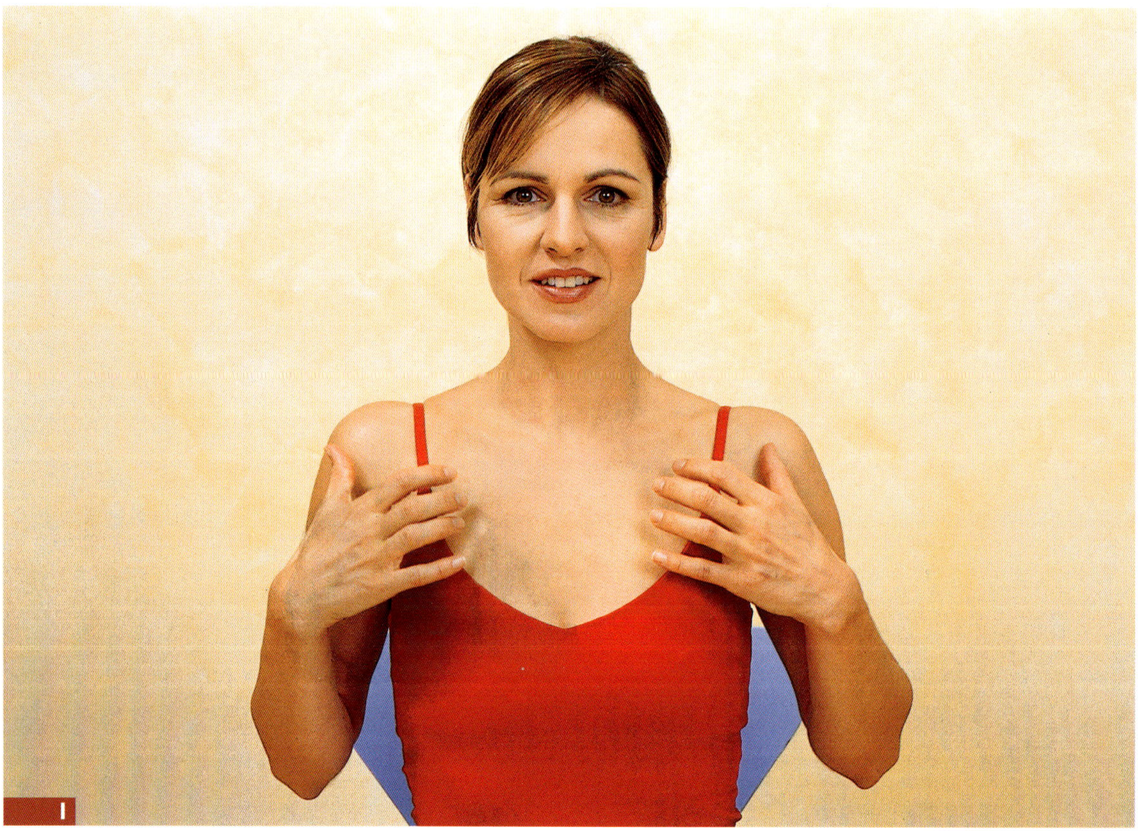

1

und dabei mit den Fingern auf Ihren Brustkorb klopfen. Beim Ausatmen klappt die flache Hand schnell und sanft auf die Brustrippen. Zum Schluss: Fäuste bilden und mit den Knöcheln der Hände den Nierenbereich massieren.

Wirkung
Die Stärkung der Bronchien und Lunge, Förderung der Durchblutung der Atmungsorgane und Unterstützung der Selbstheilungskräfte.

Griffe
Klopfen und kneten Sie vorsichtig mit Fingerspitzen und Knöcheln. Die Bewegung immer zum Herz hin ausführen. Dauer: mindestens 30 Sekunden pro Griff massieren.

Stärke
Schwachen, gleichmäßigen Druck ausüben, Stärke 1.

Wiederholung
3-mal hintereinander die Massagefolge durchführen, 2- bis 3-mal täglich.

Gegenanzeigen
Bei Lungenkrankheiten oder chronischen Erkrankungen der Atemwege unbedingt erst die Selbstmassageerlaubnis vom Arzt einholen.

Akupressur

2 Bei Beklemmungen hilft Daumendrücken im wahrsten Sinne des Wortes. Akupressieren Sie im zeigefingerentferntesten Nagelfalzwinkel (AK »Junger Händler«) des Daumens. Ob Sie dafür den linken oder rechten nehmen, entscheiden Sie selbst.

Wirkung
Der Atemrhythmus wird harmonisiert, Beklemmungen schwinden. Durch den angeregten Energiefluss fühlen Sie sich belebt.

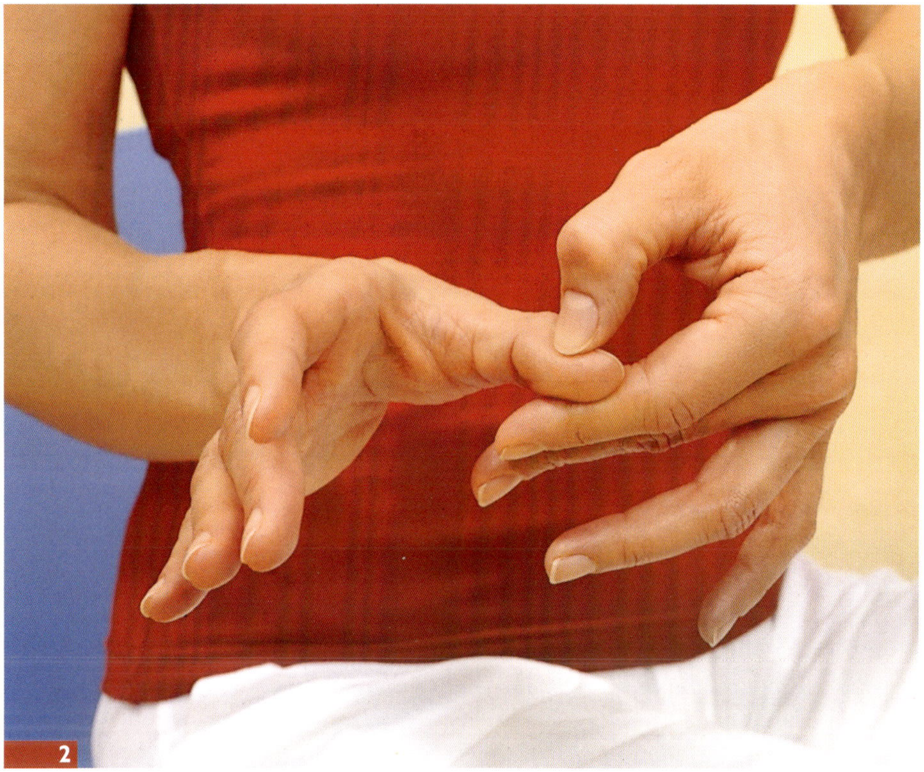

2

Griffe
Behandeln Sie den Punkt mit der Fingerkuppe des Daumens. Dauer: 90 Sekunden – am besten 4 Minuten lang massieren. Beschreiben Sie dabei kleine Kreise im Uhrzeigersinn von etwa einem halben Zentimeter Durchmesser.

Stärke
Sanft pressen, Stärke 1.

Wiederholung
Mehrmals täglich.

Gegenanzeigen
Scheint Luftholen nicht möglich, keine Selbstbehandlung durchführen. Rufen Sie den Arzt!

Tipp
Hilft auch bei Mandelentzündung und Fieber.

Bauch- und Magenschmerzen, Sodbrennen

Es zerrt und schmerzt, rumort und ziept – Ihr Magen meldet sich mit lautem Grummeln und Krämpfen. Krankheitserreger wie Bakterien oder eine Lebensmittelvergiftung verursachen eine Magen-Darm-Infektion.
Stößt das Essen sauer auf, ist oftmals zu viel Alkohol, übermäßiges oder fettes Essen im Spiel.
Schnell führen schlechte Ernährungsgewohnheiten zu einer Entzündung der Magenschleimhaut (Gastritis). Die hochkommenden Magensäfte sorgen für ein brennendes Gefühl in Hals und Rachen, die Säure greift den empfindlichen Schluckraum an.
Sind Sie überfordert oder schlucken ständig Ihre Aggressionen herunter, kann dies ebenso auf den Magen schlagen. Wirken Sie Anspannung und Überarbeitung entgegen. Sorgen Sie für Wohlfühlmomente im Alltag. Leichte Kost und feuchtwarme Wickel unterstützen den kranken Magen.
Tritt keine Besserung auf, bitte ärztlichen Rat einholen. Selbstmassage fördert zusätzlich die Heilung der Magenschleimhaut.

TIPP

Hilft auch bei Übelkeit, Blähungen und Durchfall.

Tuina

1 Schieben Sie die Bauchschmerzen einfach beiseite: Massieren Sie mit der rechten Hand von der rechten Hüfte über den Bauch zur linken Hüfte und wieder zurück. Seitenwechsel: Mit der linken Hand von links nach rechts und zurück über den Bauch massieren. Auf diese Weise wird der gesamte Bauchbereich behandelt. Morgens nach dem Aufstehen, wirkt die Behandlung besonders gut.

Wirkung
Die Bauchorgane werden sanft angeregt. Übelkeit und Magenschmerzen werden gelindert. Die freigesetzte Energie bringt eine gestörte Verdauung wieder in Balance.

Griffe
Schieben Sie mit den Handflächen behutsam, gleichmäßig und mit ständigem Hautkontakt in die entsprechende Richtung über den Bauch ohne zu zerren. Dauer: 90 Sekunden.

Stärke
Sanft schieben, Stärke 1.

Wiederholung
Täglich möglichst 36-mal pro Seite.

Gegenanzeigen
Operationen oder Narben im Bauchbereich, Blinddarmentzündung.

Fußreflexzonenmassage

2 Behandeln Sie die Reflexzonen des Bauchraumes: Magen, Magenausgang, Bauchspeicheldrüse, Dünn- und Dickdarm. Wo genau: an beiden Füßen von der Mitte der Sohle bis zum Fußballen.

Wirkung
Krämpfe und Schmerzen werden gelindert und die Verdauung harmonisiert. Möglich ist eine kurzzeitige Erstverschlimmerung der Beschwerden. Das ist normal.

1

TIPP

Hilft auch bei Appetitlosigkeit, Völlegefühl und Erbrechen.

Massieren Sie konsequent weiter. Tritt keine Besserung auf, die Behandlung abrechen und ärztlichen Rat einholen.

Griffe
Mit der Daumenkuppe kleine Kreise massieren. Dann die Reflexzone im Raupengang behandeln. Dauer: 1 bis 2 Minuten.

Stärke
Den sanften Druck langsam steigern oder reduzieren, Stärke 1 – 3 – 1.

Wiederholung
1-mal täglich, fünf bis zehn Behandlungen.

Gegenanzeigen
Keine bekannt.

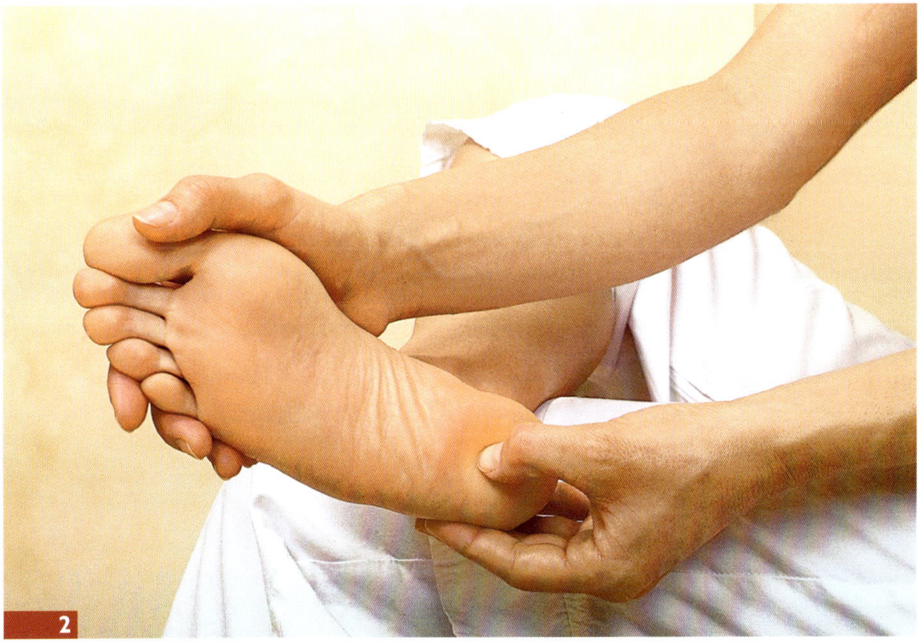

2

Blähungen

Ist Ihr Bauch aufgebläht, rumort es in Magen und Darm? Müssen Sie aufstoßen oder haben Sie vermehrt Abgang von Winden? Dann leiden Sie unter Blähungen. Die Verdauung ist gestört. Bei der Aufspaltung der Nahrung, die im Mund beginnt und bis zum Mastdarm fortgeführt wird, liegt ein Ungleichgewicht vor. Bei einem Mangel an Kaubewegungen, Speichel, Magensaft oder Verdauungsenzymen kann die Nahrung nicht vollständig aufgespalten werden. Die Speisereste fangen an zu faulen und zu gären – Gase entstehen. Häufig sind schwer verdauliche Nahrungsmittel wie Hülsenfrüchte oder Kohl die Ursache. Liegt eine Unverträglichkeit gegen eine Substanz vor, treten ebenso Verdauungsprobleme auf. Nehmen Sie mindestens 50 Gramm Ballaststoffe zum Beispiel in Form von Vollkornbrot täglich zu sich. Die Vitamine A und B, enthalten unter anderem in Karotten, Avocados und Pfirsichen, helfen gegen Blähungen. Ein gekonnter Griff an der richtigen Stelle erleichtert zusätzlich.

TIPP

Hilft auch bei Spannungsgefühl im Bauch und Bauchschmerzen.

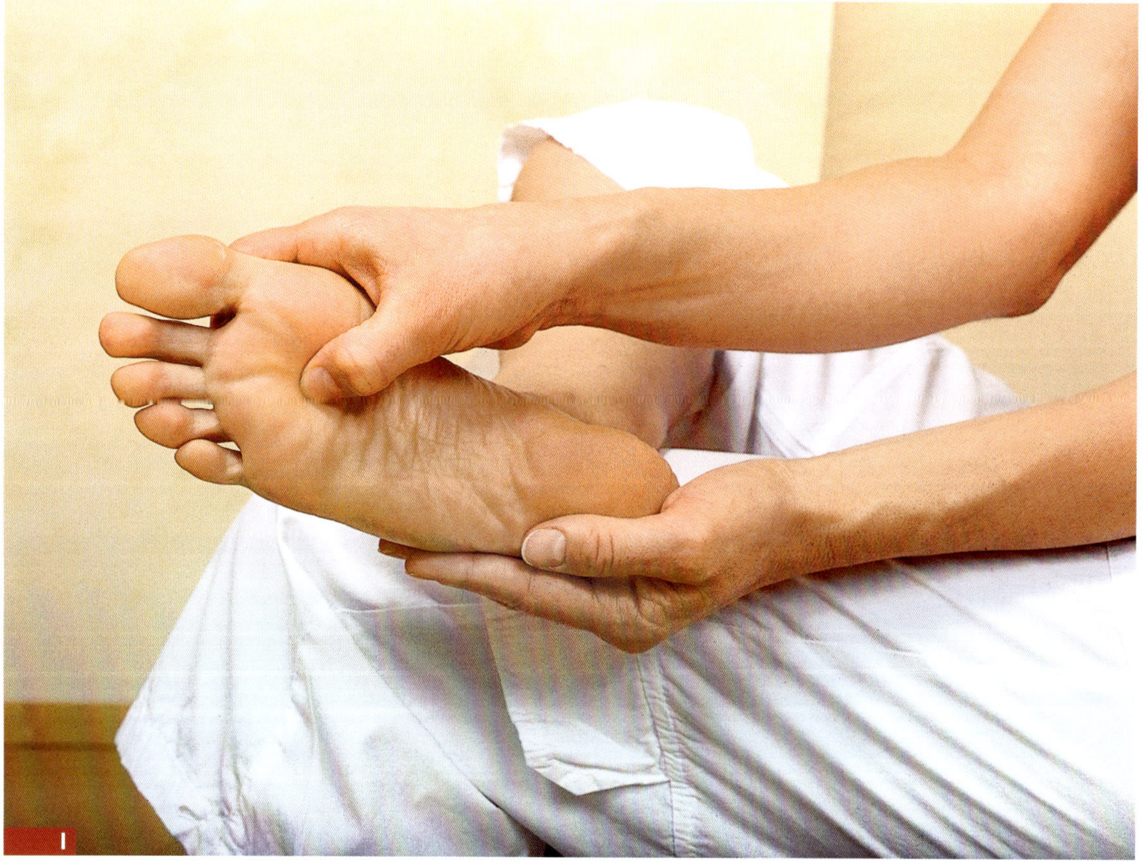

I

Tuina

1 Gemäß der Traditionellen Chinesischen Medizin gilt es bei Verdauungsproblemen und Blähungen die stockende Lebensenergie in Schwung zu bringen. Massieren Sie mit dem Daumen in der Vertiefung (AK »Emporsprudelnde Quelle«) in der Mitte der Fußes, etwa an der Grenze vom 1. bis zum 2. Drittel der Sohle.

Wirkung
Kneten und Reiben am richtigen Punkt sorgt für weit mehr als für Wärme. Der Meridianfluss wird angeregt. Verdauungsstörungen nehmen ab, die Gesamtkonstitution wird gestärkt.

Griffe
Führen Sie kleine kreisende Knetbewegungen mindestens 90 Sekunden aus. Dabei kommt der Impuls aus dem obersten Daumenglied. Anschließend über den Akupressurpunkt hinweg kräftig zu den Zehen und der Fußmitte reiben.

Stärke
Sanft und gleichmäßig massieren, Stärke 1. Kräftig reiben, Stärke 2.

Wiederholung
Mehrmals täglich bis zu 72-mal kneten und streichen.

Gegenanzeigen
Entzündungen in Magen und Darm.

Akupressur

2 Schnelle Hilfe bei Blähungen bringt der Griff ans Bein. Eine Massage direkt hinter dem Schienbein, ca. 4 Querfinger breit über dem Innenknöchel (AK »Zusammenkunft der drei Yin«), löst den lästigen Druck im Bauchraum. Nicht vergessen: während der Massage stets ruhig weiteratmen.

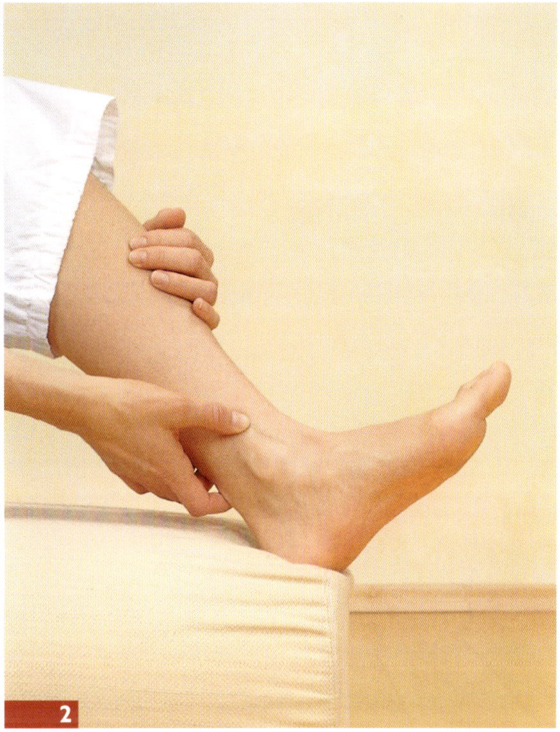
2

Wirkung
Schmerzen im Magen-Darm-Bereich werden gelindert, das Yin gestärkt und die Verdauung harmonisiert. Lassen die Störungen nicht nach, sollte ein Arzt konsultiert werden.

Griffe
Akupressieren Sie kreisend mit der Daumenkuppe. Üben Sie die Massage mit kleinen Bewegungen im Uhrzeigersinn aus. Das wirkt anregend. Dauer: 1 1/2 Minuten.

Stärke
Gleichmäßig und sanft massieren ohne mit dem Druck nachzulassen, Stärke 1.

Wiederholung
Im Akutfall mehrmals täglich.

Gegenanzeigen
Schwangerschaft, Verletzungen am Bein.

TIPP

Hilft auch bei Übelkeit, Koliken, Menstruationsbeschwerden und Bauchschmerzen.

Blasen- und Harnwegsbeschwerden

Ständig müssen Sie Wasserlassen, beim Urinieren brennt und zieht es, der ganze Unterbauch schmerzt. Färbt sich der Urin dunkel, ist meist Blut im Spiel. Besonders Frauen leiden häufig unter Blasenentzündungen. Bakterien können aufgrund der kürzeren Harnröhre leichter in die Blase dringen. Schnell wird ein Harnwegsinfekt chronisch. Meist stammen die Bakterien aus dem Enddarm oder von den Geschlechtsorganen. Einige einfache Vorsichtsmaßnahmen geben den Keimen keine Chance: nach dem Geschlechtsverkehr auf die Toilette gehen, nach dem Wasserlassen sich immer von vorne nach hinten abwischen, viel trinken! Zwei bis drei Liter Wasser oder Kräutertee am Tag sind zu empfehlen.
Dauern die Beschwerden länger als zwei Tage, tritt Fieber auf, sollten Sie unbedingt zum Urologen gehen. Eine Entzündung der Nieren und Harnleiter muss antibiotisch behandelt werden. Bei leichten Beschwerden unterstützen Heilpflanzen wie Orthosiphon und eine Selbstmassage den Heilungsprozess.

Fußreflexzonenmassage

1 Wer vor Krämpfen und ständigem Harndrang kaum stehen kann, dem hilft die Massage der Nieren- und Blasenreflexzone. Erstere befindet sich in der Mitte der Fußsohle, die zweite auf der Innenseite beider Füße. Seitenwechsel nicht vergessen. Welcher Fuß zuerst massiert wird, ist frei wählbar.

Wirkung

Krämpfe im Blasenbereich werden gelindert, der Harndrang geschwächt. Eine regelmäßige Knetkur der Nieren- und Blasenreflexzone erhöht die Abwehrstärke der Harnwege.

Griffe

Erst mit der Daumenkuppe kreisend massieren. Anschließend im wellenartigen Raupengang von einer Reflexzone zur nächsten massieren. Plagt Sie ein akuter Schmerz, wenden Sie zusätzlich den Sedierungsgriff (siehe Seite 21) an. Dauer: 1 bis 2 Minuten.

Stärke

Während des Kreisens mit mittlerem Druck arbeiten, Stärke 1. Beim Raupengang mit ansteigender und wieder abnehmender Kraft kneten, Stärke 1 – 3 – 1. Sedieren Sie mit starkem Druck, Stärke 3.

Wiederholung

Bei akuten Beschwerden täglich. Zur Blasenstärkung 2-mal wöchentlich.

Gegenanzeigen

Bluthochdruck und Krampfadern.

Shiatsu

2 Schlägt eine Erkältung statt auf die Nase auf die Blase, hilft die Massage des Harnblasen-Meridians. Massieren Sie den Meridianabschnitt am Bauchraum. Dort bildet die Energiebahn einen weiten Halbkreis um den Nabel. Sein Umfang reicht von rechts und links unterhalb der unteren Rippenbögen bis oberhalb des Schambeins.

TIPP

Hilft auch bei Nierenbeschwerden und einer Reizblase.

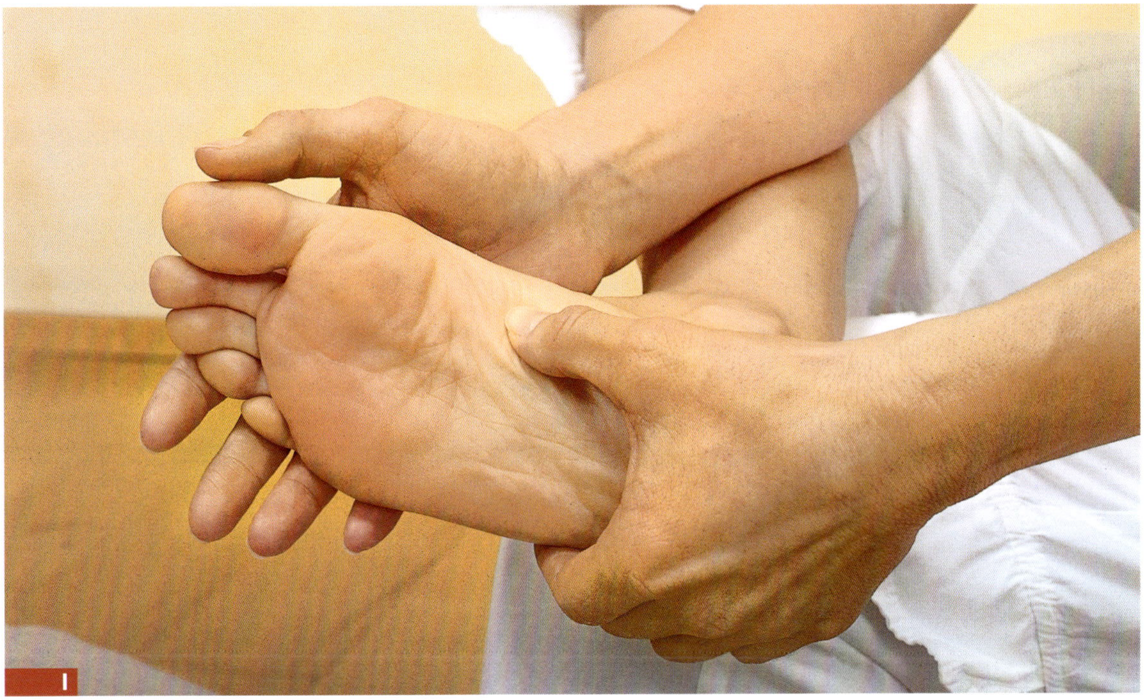

1

Wirkung

Beschwerden beim Harnlassen nehmen ab. Regelmäßig angewendet wirkt die japanische Knetkur stärkend auf den gesamten Harntrakt.

Griffe

Die Knöchel von zwei bis vier Fingern sind Ihr Werkzeug. Mindestens 7 Sekunden senkrecht auf den Bauch pressen. Ideal ist eine intensive Massage des gesamten Harnblasen-Meridians. Kurz-Variante: 90 Sekunden Shiatsu des Bauchabschnittes.

Stärke

Üben Sie sanft und lang Druck aus, Stärke 1.

Wiederholung

Bei akuten Beschwerden bis zu 3-mal täglich. Als Kur: 1-mal täglich.

Gegenanzeigen

Nierenbeckenentzündung, Fieber.

2

TIPP

Hilft auch bei Herzbeschwerden und einer Reizblase.

Blutdruck, hoher und niedriger

Bluthochdruck tut nicht weh. Selten zeigen sich Symptome wie Herzklopfen, Schwindelgefühle, Kopfschmerzen, Schweißausbrüche, Atemnot, Sehstörungen, Übelkeit, Erbrechen und Bewusstseinstrübungen. Erst die Folgekrankheiten machen sich bemerkbar: Arteriosklerose, Herzinfarkt oder sogar Hirnschlag drohen.
Ursachen sind zum Beispiel Übergewicht, Bewegungsmangel, Stress.
Niedriger Blutdruck (Hypotonie) dagegen ist deutlich spürbar. Schwindel, Müdigkeit und Abgeschlagenheit schränken den Alltag massiv ein. Vorsorge kann kaum geleistet werden. Hypotonie ist meist angeboren.
Unterschieden wird der Druck des Blutflusses im Körper in zwei Werten: dem systolischen, höheren Wert (Pumpkraft des Herzens) und dem diastolischen, niedrigeren Wert (Blutdruck in den Adern).
Der ideale Blutdruck liegt bei 120/80 mmHg. Von Bluthochdruck spricht man ab 140/90 mmHg.
Grundsätzlich gilt: Selbstbehandlung bei Blutdruckbeschwerden muss mit dem Arzt abgesprochen werden. Klären Sie, ob Selbstmassage sinnvoll ist.

Fußreflexzonenmassage

1 Bei Herzensangelegenheiten ist Fingerspitzengefühl gefragt.
Legen Sie unbedingt sanft Hand an: Eine leichte Massage der Fußreflexzonen von Herz, Kopf und Solarplexus lindert Ihre Blutdruckbeschwerden. Die Zonenlage: auf der linken und rechten inneren Fußsohle unterhalb des Zehenballens sowie in der Kuhle am Schneidepunkt der Fußballen.

Wirkung
Die Massage hilft das Herz-Kreislauf-System zu kräftigen und bei regelmäßiger Anwendung die Blutdruckregulierung zu harmonisieren.

Griffe
Eine Hand hält den Fuß. Mit der Daumenkuppe der anderen Hand kreisend massieren. Im wellenartigen Raupengang von einer Reflexzone zur nächsten wechseln. Wieder kreisend kneten. Dauer: 1 bis 2 Minuten.

Stärke
Beim kreisenden Griff mit mittlerem Druck massieren, Stärke 1. Während des Raupengangs mit ansteigernder und wieder abnehmender Kraft arbeiten, Stärke 1 – 3 – 1.

Wiederholung
1- bis 2-mal wöchentlich als Kur. Im Akutfall mehrmals täglich.

Gegenanzeigen
Krampfadern, Thrombose.

Shiatsu

2 Zur Vorbeugung von Blutdruckbeschwerden ist Shiatsu besonders gut geeignet. Greifen Sie mit den Fingern einer Hand in die Achselhöhle des anderen Armes. Der Daumen liegt abgespreizt auf der Schulter. Massieren Sie mit diesem Griff den Oberarm bis zum Ellbogen. Den Unterarm auf dem Oberschenkel abstützen, mit der anderen Hand auf der Innenseite und den

TIPP

Hilft auch bei Kopfschmerzen, Mattigkeit.

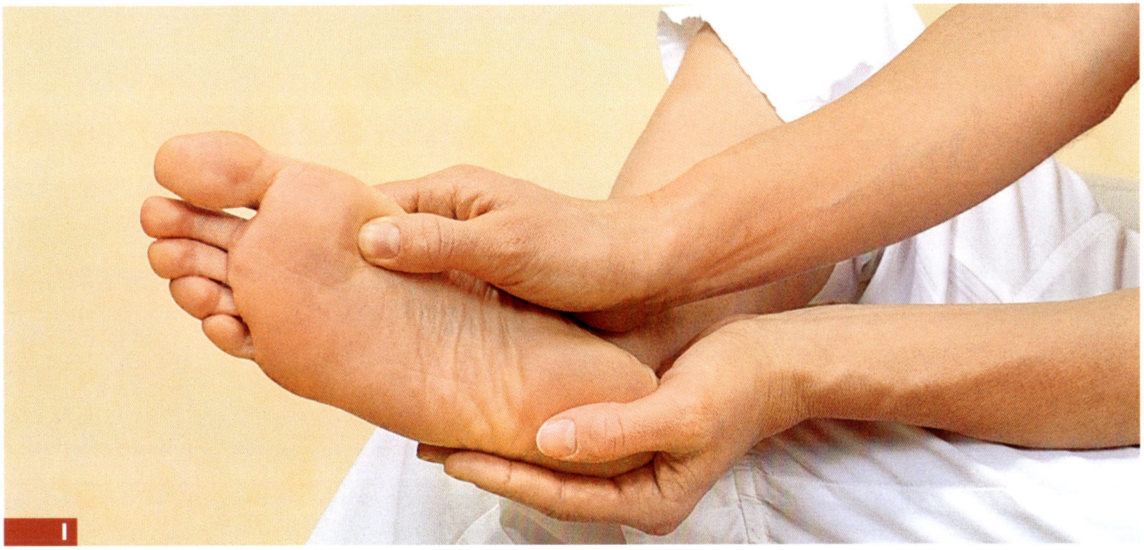

1

Fingern auf der Außenseite weiter vom Ellbogen bis zum Handgelenk massieren. Armwechsel.

2

Wirkung
Der gestörte Energiefluss im Körper wird harmonisiert, das Verhältnis von Ying und Yang ausgeglichen. Die Folge ist die Regulierung des Blutdrucks.

Griffe
Die Daumenkuppe sowie Fingerspitzen der greifenden Hand sind Presswerkzeuge. Dabei mindestens 7 Sekunden Druck ausüben. Möglichst 90 Sekunden pro Arm massieren.

Stärke
Sanft und lang überwiegend auf die Innenseite der Arme Druck ausüben, Stärke 1.

Wiederholung
Vorbeugend 1-mal täglich abends.

Gegenanzeigen
Herzinfarkt, Durchblutungsstörungen.

Tipp
Hilft auch bei nervösen Herzbeschwerden.

Durchfall

Kaum einer kennt das nicht: ein plötzlicher Drang sich zu entleeren und wässrigen Stuhl verbunden mit Darmkrämpfen, kurz Durchfall. Auslöser können eine entzündliche Erkrankung im Darmbereich, Viren, Bakterien oder Einzeller sein. Zur Selbstreinigung entzieht der Darm dem Körper Flüssigkeit und versucht die Krankheitserreger auszuschwemmen. Auch die Einnahme von Antibiotika sowie eine Lebensmittelunverträglichkeit, zum Beispiel von Milchzucker, können zu Verdauungsstörungen führen. Der Magen-Darm-Trakt ist zudem ein »Psychoorgan«. Er reagiert auf unseren Gemütszustand. Konflikte, Stress und Angst sind daher ebenso Ursachen für Durchfall. Wichtig ist: Wegen des Entzugs und der eingeschränkten Aufnahme von Wasser, sollte unbedingt viel Flüssigkeit zugeführt werden. Trinken Sie mindestens 3 Liter Tee, Wasser oder isotonische Getränke. Tritt trotz Bettruhe und Schonkost nach zwei Tagen keine Besserung der Symptome oder gar Fieber, Gliederschmerzen und blutiger Stuhl auf, sollte man zum Arzt gehen.

TIPP

Hilft auch bei Blähungen, Übelkeit, Verdauungsstörungen und Magenschmerzen.

Tuina

1 Bei Grummeln im Darm- und Magenbereich streichen Mütter instinktiv den Bauch ihrer Babys. Tuina-Selbstmassage lindert Darmbeschwerden auf die gleiche Weise: Reiben Sie kreisend eng um den Bauchnabel, dann über den gesamten Bauchbereich. Die Bauchmitte (AK »Meer des Chi«, ein Finger unterhalb des Bauchnabels) wird angenehm angeregt.

Wirkung
Ein Wärmegefühl bis tief in den Bauch lindert die Beschwerden, regt die Selbstheilungskräfte an und harmonisiert die Darmfunktion. Achtung: Nach der Massage können Darmgeräusche auftreten.

Griffe
Führen Sie die Kreisbewegungen mit flach übereinander gelegten Händen aus. Streichen Sie dabei 36-mal im, dann 36-mal gegen den Uhrzeigersinn. Eilige massieren 45 Sekunden in die eine und 45 Sekunden in die andere Richtung.

Stärke
Sanfter und gleichmäßiger Druck ist im gestörten Bauchbereich völlig ausreichend, Stärke 1.

Wiederholung
Morgens nach dem Aufstehen ist die Therapie besonders effektiv. Im Akutfall mehrmals täglich anwenden.

Gegenanzeigen
Operationen im Bauchbereich, Ausschlag.

Fußreflexzonenmassage

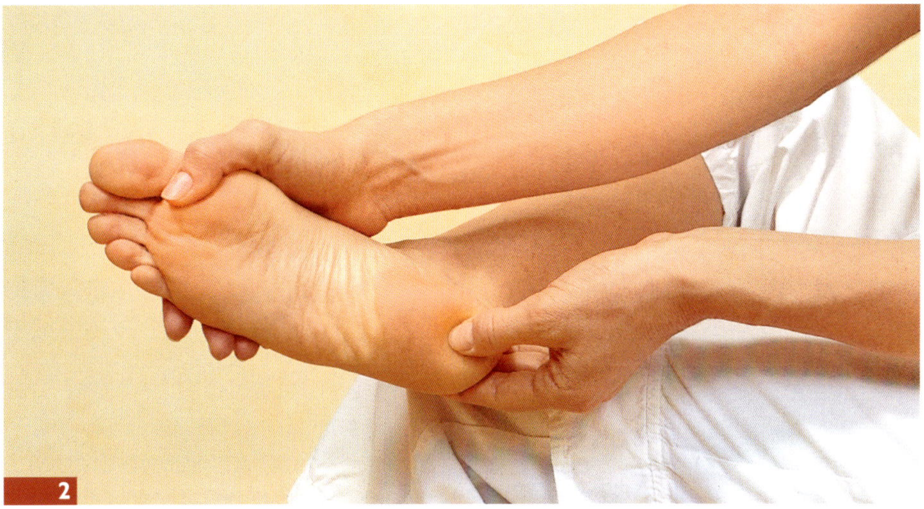
2

2 Den natürlichen Reinigungsprozess des Körpers bringt eine gezielte Fußreflexzonenmassage wieder in Balance. Behandeln Sie die Zonen des Magenausgangs, Dünn- und Dickdarms sowie des Magens an der Innenseite beider Füße, etwa einen Daumen breit unter dem Fußballen sowie oberhalb des Fersenauftrittes bis zur Fußmitte.

Wirkung
Magen- und Darmprobleme werden reguliert. Der Ausscheidungsprozess von Schlacken und Giftstoffen wird angekurbelt und die Organfunktion gestärkt.

Griffe
Halten Sie sich an die Behandlungsfolge: Magen, Magenausgang, Dünn- und Dickdarm. Die linke Hand hält den rechten Fuß. Mit der Daumenkuppe der rechten Hand erst kreisend, dann im Raupengang von einer Zone zur nächsten massieren. Seitenwechsel. Dauer: 1 bis 2 Minuten.

Stärke
Mit mittlerem Druck kreisen, Stärke 1. Beim Raupengang die Kraft steigern und wieder abnehmen lassen, Stärke 1 – 3 – 1.

Wiederholung
1-mal täglich. Tritt nach spätestens drei Tagen keine Besserung auf, sollten Sie Ihren Hausarzt konsultieren.

Gegenanzeigen
Fieber, Krampfadern und Bluthochdruck.

Erkältung

Die Nase läuft, der Schädel brummt und die Atemwege sind zu: Schnupfen, Husten und Heiserkeit plagen uns durchschnittlich 3-mal im Jahr. Besonders wenn die nasskalte Wettersaison beginnt, haben Erkältungen Hochkonjunktur. Draußen ist die Luft feucht und kalt, drinnen heizungstrocken und warm. Der Temperaturunterschied beim Ortswechsel schwächt den Körper. Um einen Wärmeverlust zu vermeiden, verringert der Organismus die Durchblutung von Nase und Rachen. Die Blutgefäße können sich beim Wechsel ins Kalte nicht rasch genug zusammenziehen, das Abwehrsystem wird nur langsam aktiv. Schnell kann sich einer der über 200 bekannten Erkältungsviren einnisten und vermehren. Doch Triefnasen, Brummschädeln und Gliederschmerzen kann geholfen werden. Ganz wichtig: viel trinken! Gut geeignet sind Wasser und Tees, besonders schweißtreibende Sorten wie Erkältungs- und Lindenblütentee. Nasenspülung und Inhalation helfen den krank machenden Schleim auszutreiben. Eine gezielte Selbstmassage kurbelt zusätzlich die Abwehr an und beugt Schniefnasen vor. Halten die Beschwerden länger als drei Tage an, kommen Fieber, Rückenschmerzen und starker Husten hinzu, muss der Arzt aufgesucht werden.

Tuina

1 Packen Sie das lästige Schnupfenübel bei der Wurzel: Massieren Sie rechts und links in den Vertiefungen oberhalb des Augenwinkels (AK »Glänzen des Auges«). Anschließend die Nasenwurzel von beiden Seiten gleichmäßig zusammenpressen und behänd nach vorne wegziehen.

Wirkung

Die Nase kann wieder durchatmen, Spannungen lassen nach. Durch die verstärkte Durchblutung wird der Abtransport des Schleims gefördert.

Griffe

Greifen Sie mit dem Daumen und Zeigefinger einer Hand zu. Mit den Fingerkuppen pressen. 1 1/2 Minuten behandeln. Ideal: 72 Wiederholungen.

Stärke

Pressen Sie kurz und kräftig, Stärke 3. Wichtig: Ziehen Sie ohne die Haut zu zerren oder zu reißen mit gleichmäßiger Kraft, Stärke 2.

Wiederholung

Mehrmals täglich.

Gegenanzeigen

Augenentzündung, Entzündungen im Gesicht.

Akupressur

2 Aktivieren Sie mit Akupressur Ihre Energiereserven gegen die Erkältung: Massieren Sie einen Arm in der Vertiefung etwa drei Finger unterhalb des Daumenansatzes (AK »Unterbrochene Reihenfolge«). Wenn Sie Ihren Pulsschlag spüren, ist es die richtige Stelle.

Wirkung

Abwehrkräfte werden mobilisiert, der Schleimfluss angeregt. Wärmende Yang-Energien werden gegen die

TIPP

Hilft auch bei Kopfschmerzen, allergischem Schnupfen, Kurz- und Weitsichtigkeit und Migräne.

1

»Kältekrankheit« verstärkt. Die Schnupfenbeschwerden lassen nach.

Griffe
Halten Sie eine Hand leicht geschlossen nach oben. Mit dem Daumen der anderen Hand in kleinen kreisenden Bewegungen akupressieren. Dauer: 1 bis 2 Minuten.

Stärke
Konstant kräftigen bis mittleren Druck ausüben, Stärke 2 und 3.

Wiederholung
Im Akutstadium mehrmals täglich.

Gegenanzeigen Fieber.

Tipp
Hilft auch bei Nervosität, Husten, Schwäche.

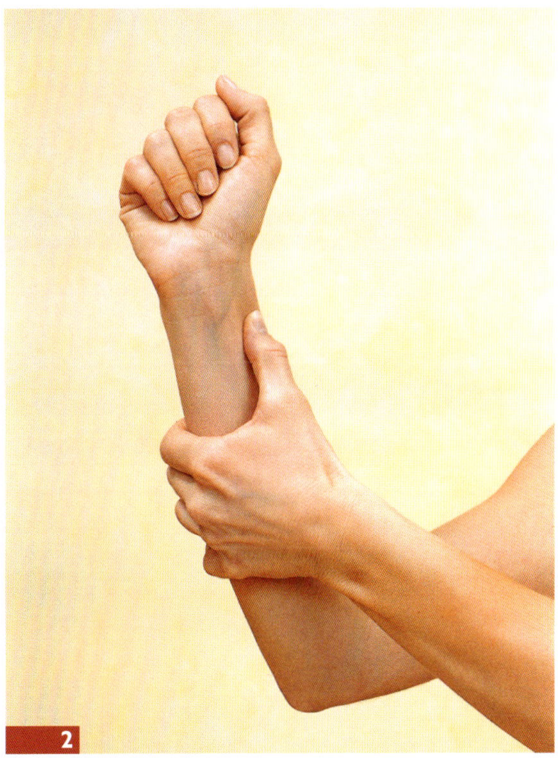

2

Erschöpfung

Morgens kommen Sie kaum aus dem Bett, kraftlos, unmotiviert und müde schleppen Sie sich durch den Tag: Bis zu einem gewissen Maß ist körperliche und geistige Erschöpfung normal. Ist der gesunde Wechsel von An- und Entspannung gestört, kann Abgespanntheit zum Dauerzustand werden.
Ihre Ursachen sind harte körperliche und geistige Tätigkeiten oder schwere Krankheiten. Auch schlechte Ernährung sowie eine große psychische Belastung können zu Erschöpfungszuständen führen. Die alltäglich abverlangten Höchstleistungen im Job und Privatleben setzen uns unter ständigen Stress, fördern Ernährungsfehler, mangelnde Bewegung, Alkohol- und Drogenmissbrauch.
Eine Umstellung der Lebensgewohnheiten hilft: Achten Sie auf eine ausgewogene Ernährung und Entspannung im Alltag. Lernen Sie Entspannungstechniken wie Muskelentspannung nach Jacobson, Autogenes Training oder Yoga. Meiden Sie den Missbrauch von aufputschenden Substanzen. Wichtig ist, die Erschöpfung aus eigner Kraft zu überwinden. Bei chronischer Erschöpfung hilft nur ein Spezialist. Vorbeugend und stärkend kann selbst Hand angelegt werden.

Shiatsu

1 Shiatsu kann Ihren erschöpften Lebensgeistern auf die Sprünge helfen. Power und Widerstandsfähigkeit bringt gezielter Druck an der Wade. Massieren Sie dafür an beiden Beinen die äußere, hintere Wadenmuskulatur von der Kniekehle hinunter bis zur Ferse (Blasen- und Lungenmeridian).

Wirkung

Abgespanntheit und Müdigkeit wird vorgebeugt. Mit der Massage steigt die Widerstandskraft im Körper, der Energiefluss wird harmonisiert.

Griffe

Der Massagedruck wird mit fünf Fingern ausgeübt. Dabei sollte das Handgelenk stets entspannt bleiben. Wandern Sie langsam mit den Fingerkuppen zur Ferse. Druckdauer: 7 Sekunden an jeder Stelle.

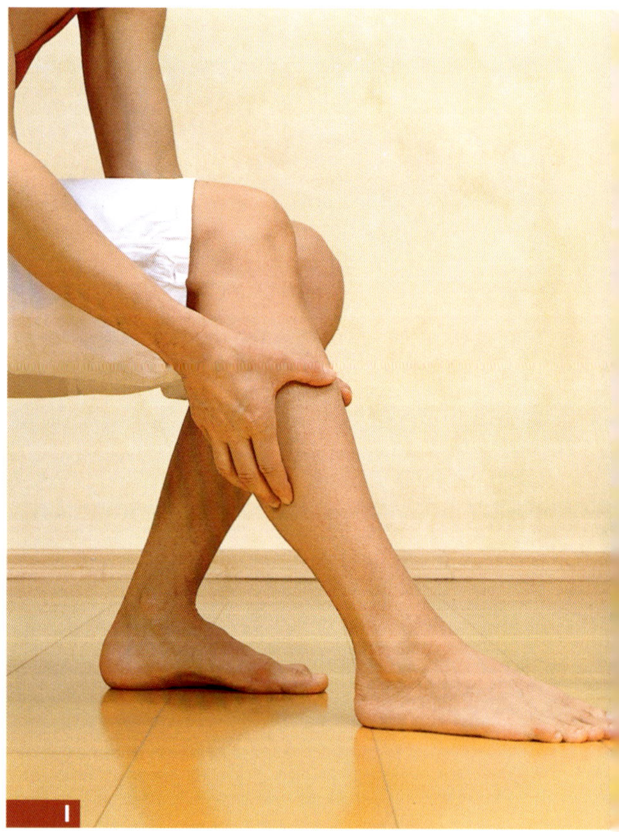

1

TIPP

Hilft auch bei Abgespanntheit und Unruhe.

TIPP

Hilft auch bei Erbrechen und Verdauungsbeschwerden.

Stärke
Massieren Sie sanft und ohne zu quetschen, Stärke 1.

Wiederholung
1-mal täglich.

Gegenanzeigen
Krampfadern.

Akupressur

2 Wie Shiatsu ist Akupressur ein echter Energiebringer: Holen Sie Ihre Kraft einfach aus dem Bauch. Etwa vier Fingerbreit senkrecht über den Bauchnabel (AK »Mitte des Bauches«) in aufrechter Haltung akupressieren. Achtung: Während der Massage ruhig und entspannt weiteratmen.

Wirkung
Körper, Geist und Seele kommen durch den angeregten Energiefluss wieder in Balance. Mit der freigesetzten Power steigt die Lebenslust.

Griffe
Die Daumenkuppe einer Hand dient als Presswerkzeug. Üben Sie mindestens 90 Sekunden lang Druck aus. Ideal: 3 Minuten.

Stärke
Pressen Sie sanft und lang, Stärke 1.

Wiederholung
1- bis 2-mal täglich.

Gegenanzeigen
Keine bekannt.

Halsschmerzen

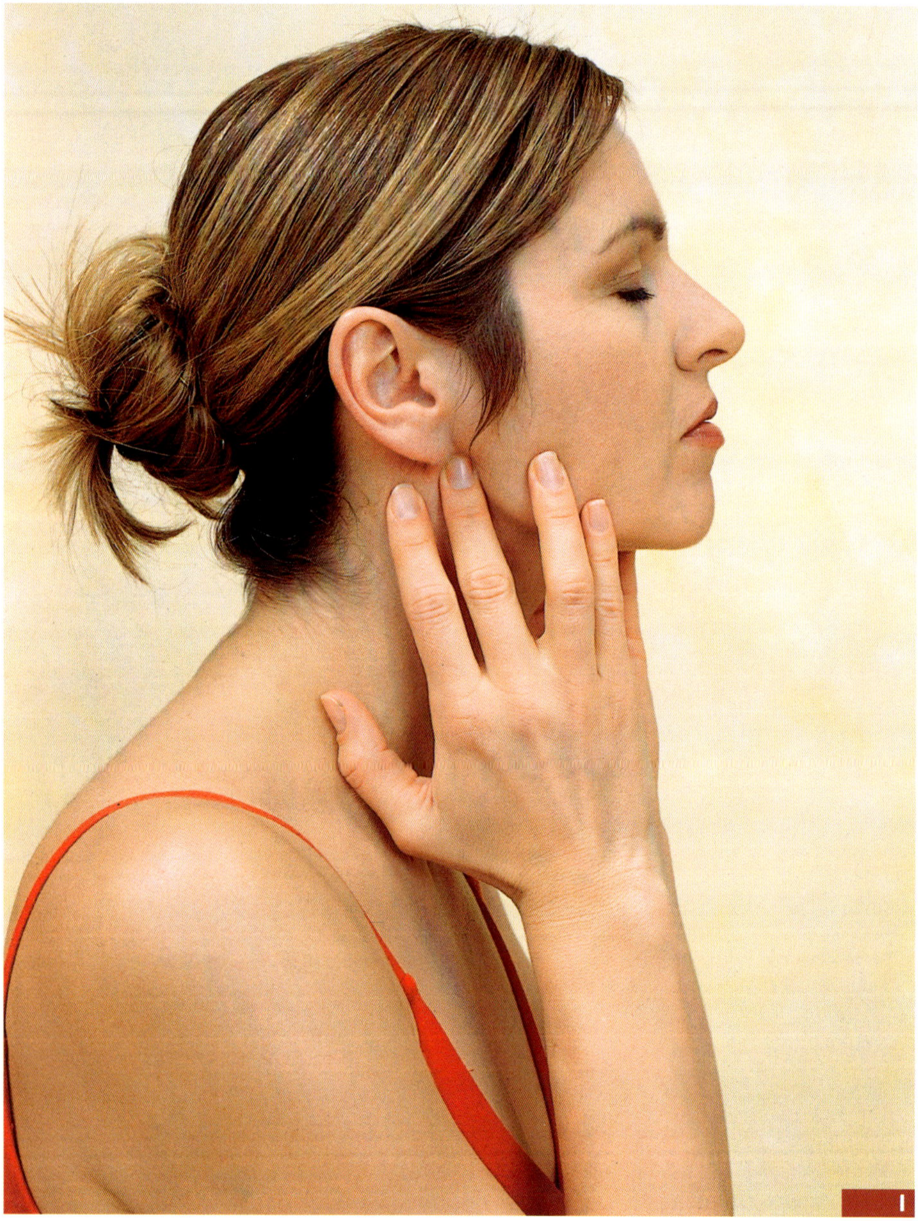

Erst kratzt es, dann fällt das Schlucken schwer und am Ende ist nur noch verhaltenes Krächzen möglich. Halsweh und Heiserkeit sind häufig Begleiterscheinung einer Grippe oder Erkältung. Schuld ist meist eine Virusinfektion. Ein Überstrapazieren der Stimme durch lautes Singen oder Sprechen sowie starker Zigaretten- und Alkoholkonsum kann jedoch ebenso Halsbeschwerden hervorrufen. Gut ist: Wer zu lange im Fußballstadion geschrien hat oder seine Kinder lautstark in Zaum halten musste, kann sich mit Hausmitteln perfekt selbst helfen. Inhalieren Sie mit Salbei (2 Esslöffel Salbeiblätter mit 1 Liter kochendem Wasser in einer Schüssel aufgießen, 10 bis 15 Minuten die Dämpfe einatmen) oder Kamille. Sehr effektiv: 1 bis 2 Esslöffel Fenchelhonig einnehmen. Treten trotz Anwendung der Hausmittel zusätzlich Ohrenschmerzen, Fieber und Atembeschwerden, dauert die Entzündung länger als vier Tage, suchen Sie den Arzt auf. Für leichte Fälle gilt: Selbstmassage unterstützt die Körperabwehr.

Shiatsu

1 Halsprobleme bekommen Sie mit Shiatsu gut in den Griff: Massieren Sie mit den Fingerspitzen beider Hände dicht unter dem Kinn. Die Kuppen der Mittelfinger liegen in der Vertiefung zwischen dem Unterkieferwinkel und Kopfwendemuskel (AK »Antlitz des Himmels«).

Wirkung

Gestaute Energie kann wieder durch den Hals fließen. Halsschmerzen werden dadurch gelindert, Mund und Kiefer können entspannen.

Griffe
Pressen Sie mit beiden Fingerspitzen. Der Druck wird dabei nach oben ausgeübt. Hände und Handgelenke bleiben entspannt. Dauer: 7 Sekunden.

Stärke
Gleichmäßig, sanft massieren. Sobald Schmerzen auftreten, verringern Sie den Druck auf ein verträgliches Maß, Stärke 1.

Wiederholung
Im Akutfall mehrmals täglich.

Gegenanzeigen
Mandeloperation und Fieber.

Fußreflexzonenmassage

2 Hat Ihr Abwehrsystem mit Viren von einer Mandelentzündung zu kämpfen, gibt ihm eine Reflexzonenmassage zusätzliche Power: Massieren Sie die Zonen der Lymphbahnen, Zähne, Stirnhöhlen, des Nasen-Rachen-Raumes und der Mandeln (siehe Seite 21). Tritt nach zehn Behandlungen keine Besserung der Halsprobleme auf, sollten Sie einen Arzt aufsuchen.

Wirkung
Lymphfluss und Immunsystem werden angeregt. Sie fühlen sich allgemein wohler. Die Schluck- und Sprechbeschwerden werden gelindert.

Griffe
Wirkt anregend: mit der Daumenkuppe kleine Kreise auf der Zone beschreiben. Dann sanft in die nächste Behandlungszone wandern. Halten Sie sich an die genannte Reihenfolge. Seitenwechsel. Wichtig sind fließende Bewegungen. Dauer: 1 bis 2 Minuten.

Stärke
Mit mittlerem Druck kreisen, Stärke 2.

Wiederholung Mindestens 1-mal täglich.

Gegenanzeigen
Durchblutungsstörungen und Herz-Kreislauf-Beschwerden.

TIPPS

Shiatsu (Foto 1) hilft auch bei Mandelentzündung, Ohrensausen und Sprechstörungen. Reflexzonenmassage (Foto 2) hilft auch bei Mandelentzündung und Abwehrschwäche.

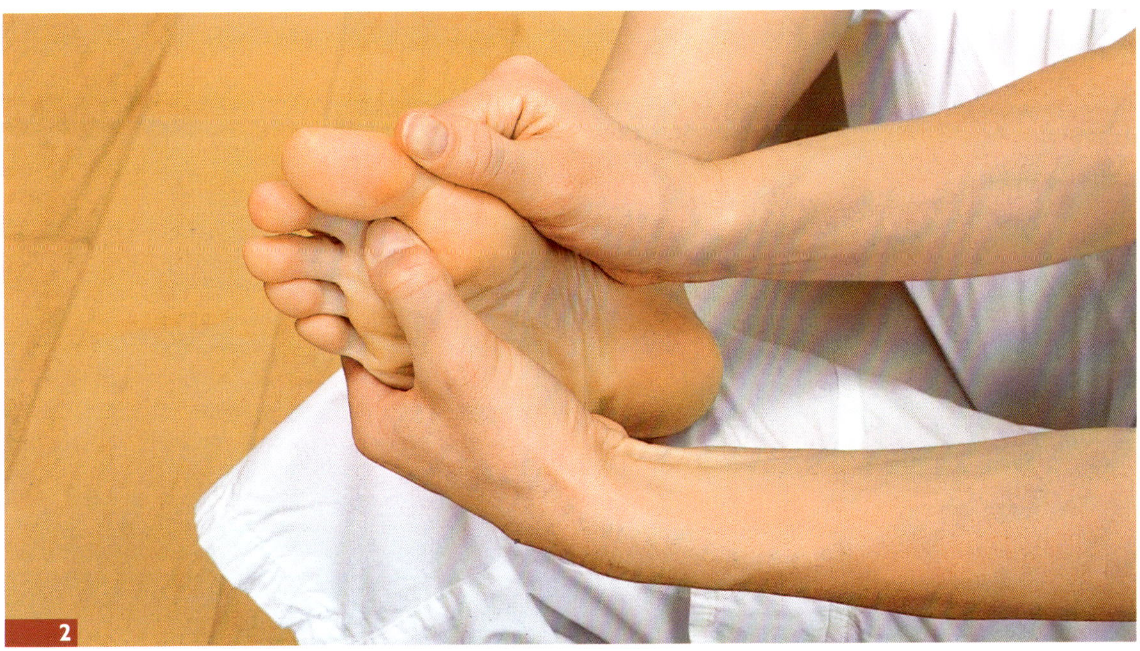

2

Husten

Eigentlich soll der Husten Fremdkörper aus den Atemwegen entfernen: Husten ist ein Reflex auf die Reizung der Luftwege. Oft kommt er kribbelnd mit einer Erkältung oder kratzend und krampfartig bei Keuchhusten und Asthma.

Tief sitzend mit Schleimauswurf ist er Teil ernster Erkrankungen wie Bronchitis, Lungenentzündung oder gar Tuberkulose. Nehmen Sie deshalb Atemwegsbeschwerden nicht auf die leichte Schulter. Lässt der Husten nicht nach, klären Sie ab, ob nicht eine schwer wiegende Krankheit dahinter steckt. Nicht richtig auskuriert, können Hustenprobleme zudem chronisch werden. Leichte Formen können gut mit pflanzlichen Mitteln behandelt werden.

Bei Reizhusten wirkt eine Inhalation mit Kamille und Thymian schmerzlindernd. Hustenstillende Wirkung hat Sirup aus Eibisch, Tannenspitz oder Fenchel. Bei anhaltenden und zunehmenden Beschwerden wie Fieber und farbigem Auswurf muss unbedingt ein Arzt zu Rate gezogen werden! Im Anfangsstadium ist Selbstmassage eine gute Hilfe.

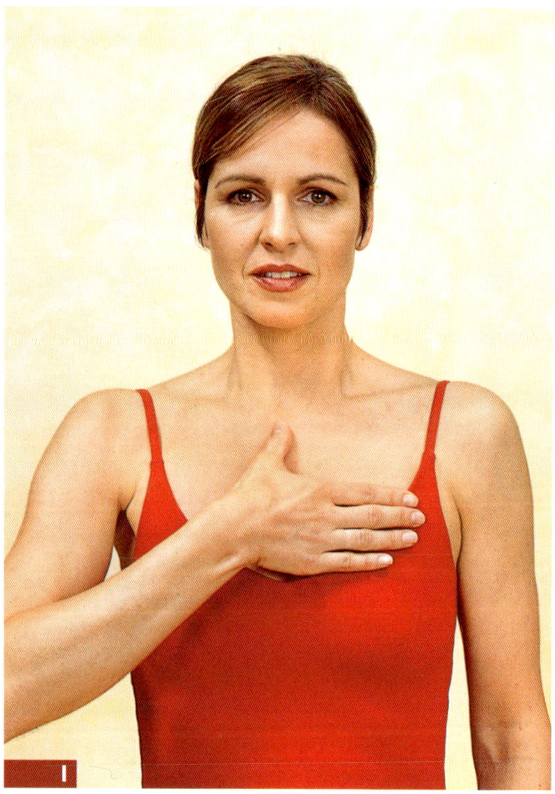
1

Tuina

1 Schieben Sie die Hustenbeschwerden mit Tuina einfach beiseite: Massieren Sie mit dem Daumen von der Vertiefung oberhalb des Brustbeins (AK »Bresche des Himmels«) bis zur Brustbeinspitze. Welche Hand als Therapiewerkzeug dient, ist frei wählbar.

Wirkung

Die Abwehrkräfte der Atemorgane werden angekurbelt und Druckgefühle in der Brust gemildert, Abhusten und Schleimlösen werden erleichtert.

Griffe

Den Daumen seitlich, langsam auf der Haut bis zur Brustbeinspitze schieben. Halten Sie ständigen Hautkontakt ohne zu zerren. In der Vertiefung neu ansetzen. Wieder brustabwärts schieben. Dauer: ca. 60 Sekunden.

Stärke

Schieben Sie mit sanftem Druck, Stärke 1.

TIPP

Hilft auch bei Atembeschwerden, Schluckauf und Bronchialasthma.

2

TIPP

Hilft auch bei Tennisarm, Blasenschwäche, Akne und Niesen.

Wiederholung
Mehrmals täglich, 10 bis 12 Wiederholungen.

Gegenanzeigen
Fieber.

Akupressur

2 Eine Akupressur des Armes lässt Sie wieder aufatmen: Pressen Sie den Punkt entlang des Lungenmeridians in der Mitte der Ellenbogenfalte (AK »Moorsee am Ellenbogen«), hinter der gebeugten Bizepssehne.

Wirkung
Lungenmeridian und Qi-Fluss werden stimuliert. Das Atmen fällt leichter, geht tiefer, Schleim löst sich und Hustenbeschwerden nehmen ab. Sie fühlen sich insgesamt besser.

Griffe
Sedieren Sie den Punkt mit der Kuppe von Daumen oder Zeigefinger. Massieren Sie in kleinen Kreisbewegungen gegen den Uhrzeigersinn. Ideal wäre eine 2- bis 3-minütige Massage. Eilige akupressieren mindestens 90 Sekunden.

Stärke
Drücken Sie sanft und gleichmäßig, Stärke 1.

Wiederholung
Täglich.

Gegenanzeigen
Fieber, akute Entzündungen.

Kopfschmerzen und Migräne

Sie sind mehr Symptom als Krankheit: Kopfschmerzen. Fühlt sich der Schädel an wie in einem Schraubstock oder zu kleinen Helm gefangen, handelt es sich um Spannungskopfschmerzen. Sie ziehen sich vom Hinterhaupt über die gesamte Schädeldecke. Auslöser sind meist psychische Probleme, Infekte, Wetterwechsel, Überstrapazierung der Augen durch den Computer oder starke Verspannungen in der Schulter- und Nackenpartie. Migräne äußert sich dagegen überwiegend als halbseitiger Schmerz gepaart mit Lichtempfindlichkeit, Schwindel, Augenflimmern und Übelkeit. Ursachen sind psychische Überlastung, hormonelle Veränderungen oder Nahrungsmittelunverträglichkeit. Die sinnvollste Maßnahme ist in allen Fällen die seelischen und körperlichen Spannungen zu lösen. Entspannen Sie! Egal ob mit Yoga, Progressiver Muskelentspannung oder Autogenem Training, versuchen Sie zur Ruhe zu kommen. Üben Sie am besten regelmäßig. Oft sorgt eine kurze Pause oder Bewegung an der frischen Luft schon für eine Erleichterung. Probieren Sie Pfefferminzöl: mehrmals

TIPP

Hilft auch bei Schwindel, Haarausfall und Konzentrationsmangel.

täglich einige Tropfen oberhalb der Schläfen einmassieren. Diese Behandlung wirkt ähnlich gut wie Kopfschmerzmittel. Eine gezielte Massage am Kopf ist eine weitere Möglichkeit die Schmerzen zu lindern.

Tuina

1 Nicht nur nass beim Friseur ist es mehr als ein Verwöhnprogramm: Vertreiben Sie den Schmerz mit einer »Trockenwäsche«. Massieren Sie den Kopf wie bei einer Haarwäsche. Anschließend die Haare mit allen Fingern vom Ansatz bis in den Nacken durchkämmen.

Wirkung

Nicht nur die Durchblutung der Kopfhaut wird angekurbelt. Gestaute Energien können wieder fließen. Der Schmerz wird gemildert.

Griffe

Erst alle Finger spreizen, dann leicht krümmen. Mit den Fingerspitzen den Kopf in kleinen Kreisen massieren. Achten Sie auf eine entspannte Handhaltung. Dauer: 1 1/2 bis 5 Minuten.

Stärke

Sanft und gleichmäßig kreisen ohne fest zu pressen, Stärke 1.

Wiederholung

Mindestens 1-mal täglich.

Gegenanzeigen

Ausschlag.

Schwedische Massage

2 Gegen Spannungskopfschmerzen ist klassische Selbstmassage genau das Richtige: Massieren Sie Ihre Nackenmuskeln auf beiden Seiten der Wirbelsäule vom Kopf bis zu den Schultern. Achten Sie dabei auf eine gerade Kopfhaltung. Die Schultern sind locker gesenkt.

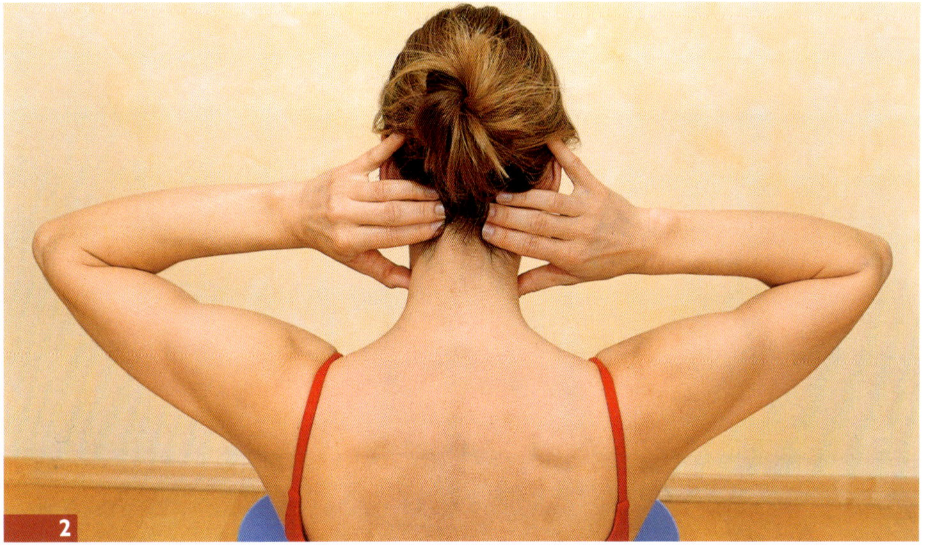

2

Wirkung

Spannungen und Verkrampfungen im Nacken werden gelöst. Ein angenehmes Wärmegefühl breitet sich aus, die Muskulatur wird gelockert.

Griffe

Nutzen Sie Ihr Fingerspitzengefühl: mit den Kuppen aller Finger kleine Kreise beschreibend massieren. Dauer: 60 Sekunden.

Stärke

Sanften bis mittelstarken Druck ausüben. Sobald es schmerzt, weniger kräftig zugreifen, Stärke 1 bis 2.

Wiederholung

1-mal bis mehrmals täglich.

Gegenanzeigen

Keine bekannt.

Tipp

Hilft auch bei Nackensteife.

Kniebeschwerden

Es knirscht und knarrt, das Gelenk ist kaum zu beugen: Knieschmerzen sind meist Verschleißerscheinungen des Knorpels an der Kniescheibe. In angewinkelter Haltung und bei großer Belastung verschlimmern sich die Beschwerden. Kräftigen Sie deshalb Ihre inneren Oberschenkelmuskeln. Gestärkt verringern diese die Verschlimmerung der Symptome. Treiben Sie außerdem auf sanfte Art und Weise Sport. Muskelaufbau stabilisiert den gesamten Bewegungsapparat und entlastet damit die Knie. Reduzieren Sie ungesunde Belastungen: Viele Kniebeschwerden verschwinden mit einer Abnahme bei Übergewicht. Chronische Beschwerden können hingegen Folgeerscheinungen von Arthritis oder Sehnenentzündungen sein. Eisauflagen helfen bei geschwollenen Knien. Füllen Sie eine Plastiktüte mit Eiswürfeln und reiben damit 30 Sekunden die schmerzende Stelle. Egal, ob die Beschwerden am Knie chronisch sind oder selten auftreten, eine ganzheitliche Massage hilft die Schmerzen zu lindern.

Tuina

1 Tuina als Stütze gegen Schmerzen: Legen Sie beide Hände seitlich ans Knie. Jetzt mit beiden Händen über das Knie reiben. Sind beide Knie betroffen, sollten Sie die Tuina-Massage an beiden Beinen ausführen. Nimmt der Schmerz während der Massage zu, den Druck reduzieren.

Wirkung

Gestaute Energien können wieder in Fluss kommen. Die Selbstheilungskräfte werden angeregt, die Durchblutung angekurbelt und Beschwerden langsam gelindert. Das Knie fühlt sich insgesamt flexibler an.

Griffe

Massieren Sie gleichzeitig mit den Flächen beider Hände. Kneten Sie gleichmäßig in kleinen Kreisbewegungen. Dauer: 1 bis 2 Minuten.

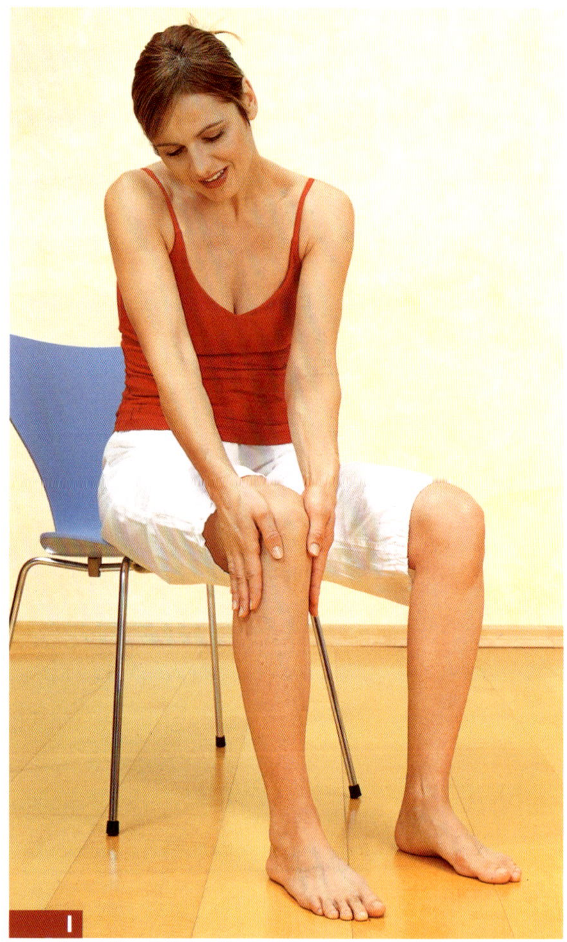

1

TIPP

Hilft auch bei Arthritis, Energietief und Unsicherheit.

Stärke
Sanft und gleichmäßig kneten, Stärke 1.

Wiederholung
Täglich.

Gegenanzeigen
Knieoperation

Akupressur

2 Extrapunkt für Erste Hilfe: Personen, die an Arthritis leiden, können mit diesem Akupressur-Griff Erleichterung finden. Pressen Sie rechts und links unterhalb der Kniescheibe an beiden Seiten der deutlich mittig spürbaren Sehne (Extra-Akupunkturpunkte »Knieaugen«).

Wirkung
Eine langsame Entspannung der schmerzverspannten Knie tritt ein. Das Beugen wird dadurch besser möglich. Ankurbelung des Energieflusses und der Durchblutung.

Griffe
Akupressieren Sie gleichzeitig mit den Kuppen beider Mittel- und Zeigefinger. Achten Sie auf eine ruhige und gleichmäßige Atmung. Dauer: 60 Sekunden pro Knie.

Stärke
Gleichmäßig und sanft pressen, Stärke 1.

Wiederholung
2- bis 3-mal täglich.

Gegenanzeigen
Knieoperation.

Tipp
Hilft auch bei Ischiasbeschwerden, Durchfall und Magenproblemen.

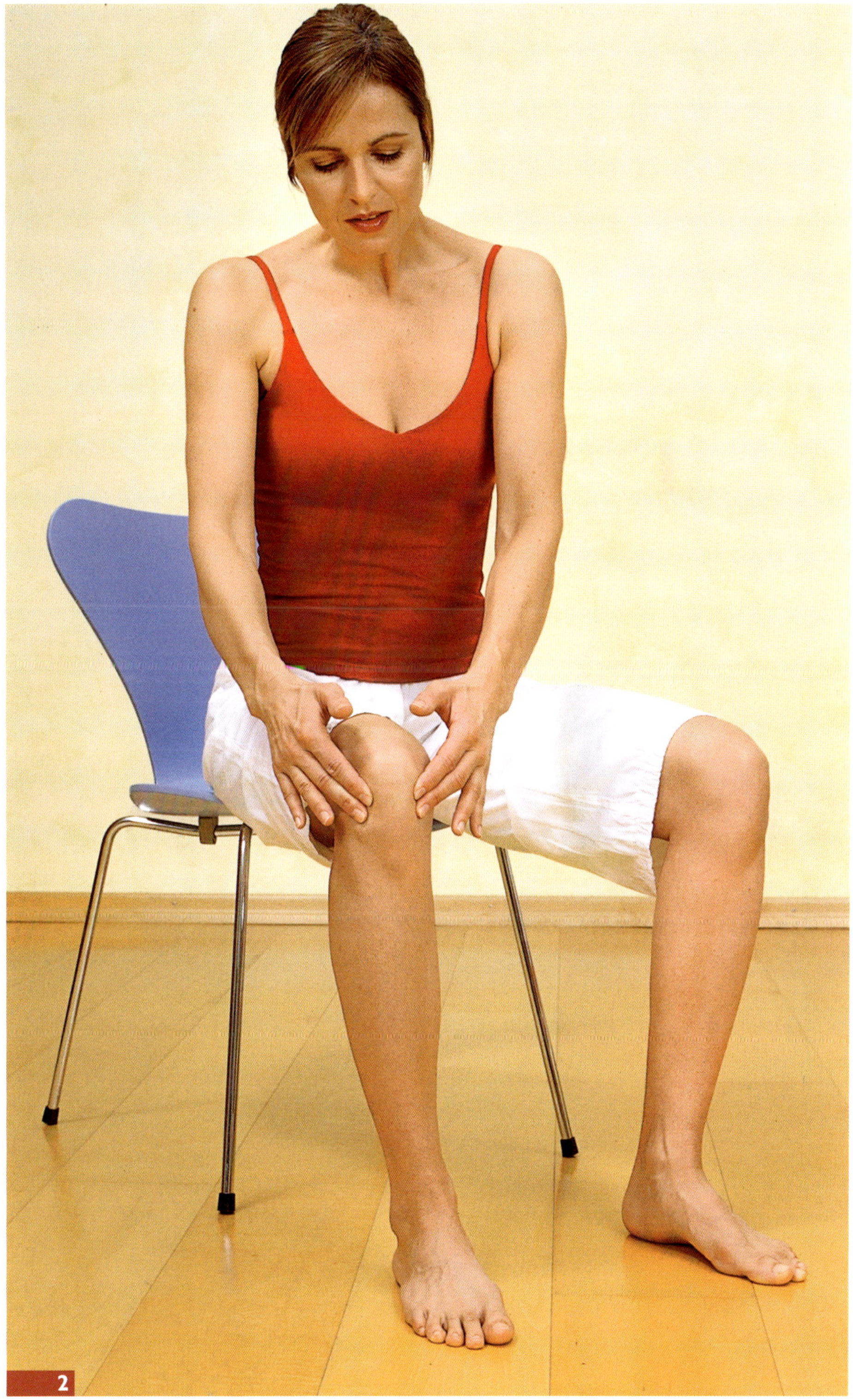
2

Krampfadern

Bläulich, rot, dick und gewunden: Deutlich zeichnen sich Krampfadern unter der Haut ab. Vor allem am Unterschenkel treten die unansehnlichen Ausbeulungen auf. Fast jede zweite Frau und jeder vierte Mann ist betroffen. Venenschwäche ist eine Volkskrankheit. Ursache ist ein Blutstau in den Beinen. Er entsteht, wenn die Venenklappen mit Hilfe der Muskeln das Blut nicht mehr zum Herz zurückpumpen können. Auslösende Faktoren sind häufig einseitige Belastungen wie Bewegungsmangel, langes Sitzen und Stehen. Bindegewebsschwäche und Übergewicht begünstigen das Entstehen von Krampfadern.

Wichtig ist eine ausgewogene Ernährung. Sie verhindert belastende Fettsucht, Verstopfungen, Vitaminmangel und Ablagerungen. Tägliches Beintraining hält die Venen fit! Spazierengehen, Treppensteigen, Radfahren und Schwimmen sind die idealen Wadenmuskel-Trainer. Präparate mit Wirkstoffen aus Weinlaub, Rosskastanien, Buchweizen und Mäusedorn stärken die Venenwände zusätzlich. Legen Sie öfter mal die Beine hoch! Vermeiden Sie das Heben von schweren Gegenständen. Gezielte Selbstmassage unterstützt die Gesunderhaltung der Gefäße.

TIPP

Hilft auch bei Müdigkeit, hohem und niedrigem Blutdruck, Verdauungsstörungen und Knieschmerzen

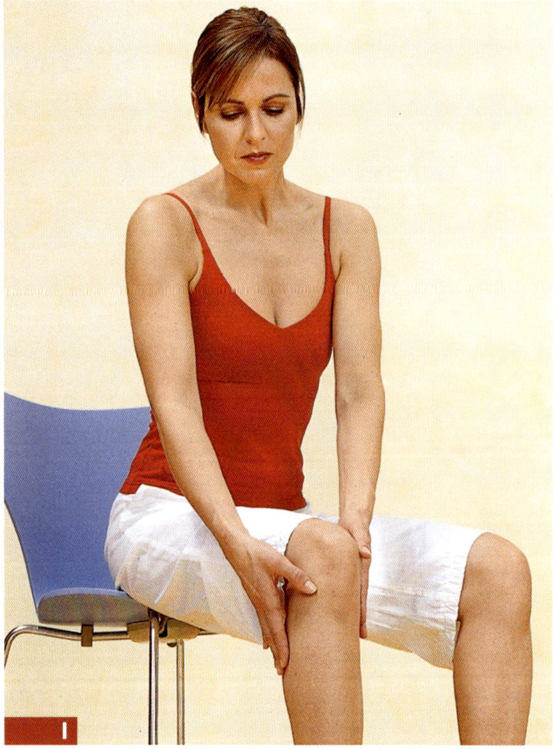

1

Tuina

1 Verhelfen Sie Ihren schwachen Venen mit Tuina zu mehr Stärke: Massieren Sie abwechselnd an beiden Beinen unterhalb der Kniescheibe im Knochenwinkel zwischen Wadenbein und Schienbein (AK »Dritter Weiler am Fuß«). Tipp: Im Sitzen lässt sich der Meridianpunkt besser ertasten.

Wirkung

Die Durchblutung der Beine wird angeregt, Selbstheilungskräfte werden angekurbelt. Ein entstandener Energiemangel wird ausgeglichen. Verstopfungen lassen nach.

Griffe

Erst mit dem Daumen gleichmäßigen Druck auf den Meridianpunkt üben, dann mit der Kuppe kreisend kneten. Seitenwechsel. Dauer: 1 1/2 Minuten. Atmen Sie beim Massieren ruhig und gleichmäßig weiter. Achten Sie darauf, dass die Hand nicht verkrampft.

TIPP

Hilft auch bei Beinschmerzen.

Stärke

Konstant, mittelstark pressen und kneten, Stärke 1.

Wiederholung

Täglich.

Gegenanzeigen

Beinoperation.

Fußreflexzonenmassage

2 Sind die Adern geschwollen, löst eine Reflexzonenmassage den Blutstau: Massieren Sie die Zonen der Lendenwirbelsäule, Epiphyse, Hypophyse, des Herzens, des kleinen Beckens, der Leber, Gallenblase und des Solarplexus (siehe Seite 21). Die Massage erfolgt an der oberen Hälfte der Fuß-Innenseite und Sohle, in der Großzehmitte, unterhalb des linken Großzehballens und am Hackenballen.

Wirkung

Entstauung des venösen Systems, Verbesserung der Durchblutung, Stärkung der Venen.

Griffe

Mit der Daumenkuppe auf jeder Reflexzone kleine Kreise beschreiben. Sanft im Raupengang in die nächste Behandlungszone wandern. Den Fußwechsel nicht vergessen. Achten Sie auf fließende Massagebewegungen. Dauer: 1 bis 2 Minuten.

Stärke

Massieren Sie mit mittlerem Druck, Stärke 2.

Wiederholung

20-mal im Monat. Tritt keine Besserung auf, Behandlung beenden.

Gegenanzeigen

Keine bekannt.

Kreuz- und Rückenschmerzen

Verspannte Schultern und Schmerzen im Rücken: Fast jeder kennt das. Denn Rückenschmerzen sind ein Massenphänomen. Jeder dritte Deutsche leidet daran. Die Ursachen sind oft bewegungsarme Tätigkeiten im Büro, Übergewicht, langes Sitzen und Stehen. Durch einseitige Belastung und Verschleiß der Wirbelsäule kommt es zu Kreuzschmerzen. Stress und Überlastung verschlimmern zusätzlich die Beschwerden.
Die auftretenden Rückenprobleme sind vielfältig: Ischiasschmerzen, Hexenschuss und Bandscheibenvorfall sind keine Altersfrage mehr. Bereits unter 30-Jährige leiden an Bandscheibenvorfällen. Eine Besserung bei Rückenschmerzen ist durch mehr Bewegung, eine gesündere Ernährung und eine bewusste Körperhaltung zu erzielen.
Bei chronischen Beschwerden lockert ein warmes Bad oder eine Wärmflasche die Muskulatur. Rückenfitness im Alltag: Bewegen Sie sich. Halten Sie den Rücken gerade. Gehen Sie beim Bücken in die Hocke. Stehen Sie mit leicht gebeugten Knien und tragen Sie keine schweren Gegenstände! Massieren Sie sich, wenn das Kreuz zum Kreuz wird.

TIPP

Hilft auch bei Rheumatischen Beschwerden.

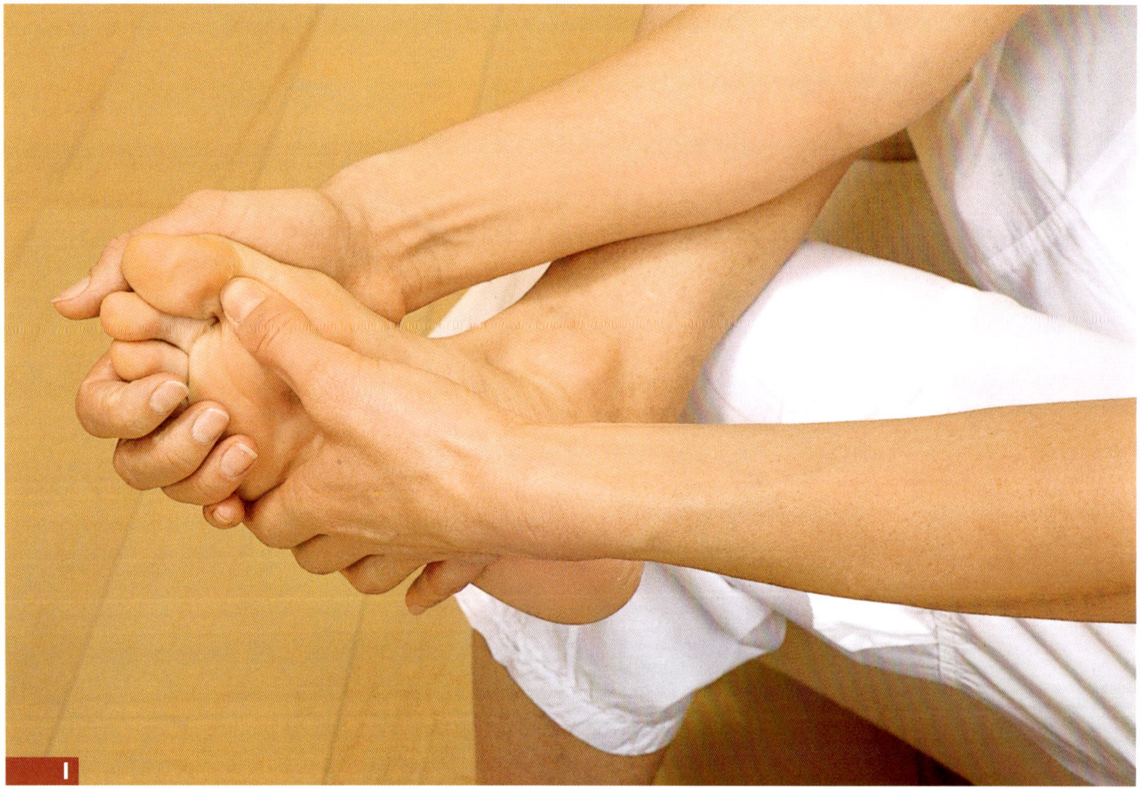

Fußreflexzonenmassage

1 Vom Fuß aus den Schmerz sedieren: Packen Sie im Akutfall kräftig zu. Eine Massage der Reflexzonen für die Wirbelsäule hilft Rückenbeschwerden zu besänftigen. Massieren Sie entlang der Fußinnenseite, am Übergang zur Fußsohle. Beginnen Sie am Großenzehgelenk. Behandeln Sie dann abwärts gehend die Halswirbel-, Brustwirbel-, Lendenwirbel-, Kreuzbein- und Steißbeinzone. Tritt nach drei Tagen keine Besserung auf, sollten Sie einen Arzt konsultieren.

Wirkung
Die körpereigenen Heilkräfte werden angeregt. Rückenleiden können dadurch schneller nachlassen. Schmerzen schwinden.

Griffe
Den Daumen mit der Kuppe gezielt in die betroffene Zone pressen. Dauer: mindestens 1 Minute. Selbst wenn der Schmerz vorher nachlässt, nicht abbrechen.

Stärke
Den behutsamen Druck langsam steigern und wieder abnehmen lassen, Stärke 1 – 3 – 1.

Wiederholung
Mindestens 1-mal täglich.

Gegenanzeigen
Durchblutungsstörungen.

Schwedische Massage

2 Schmerzerleichterung per Hand – kein Problem: Massieren Sie im Sitzen mit beiden Händen rechts und links von der Wirbelsäule. Die Massagerichtung verläuft auf und ab sowie vom Rückgrat bis zur Seite und zurück. Üben Sie niemals den Druck direkt auf die Wirbelsäule aus.

Wirkung
Die Massage löst Spannungen und Verkrampfungen im unteren Rückenbereich. Die Durchblutung wird verstärkt, ein angenehmes Wärmegefühl kommt auf. Das Kreuz wirkt insgesamt beweglicher.

Griffe
Mit beiden Händen Fäuste bilden. Den Oberkörper in aufrechter Sitzhaltung leicht nach vorne beugen. Die Fingerknöchel dienen als Massagewerkzeuge. Reiben Sie den Muskel in kleinen Spiralbewegungen. Dauer: etwa 1 Minute.

Stärke
Streichen stets sanft ausführen, Stärke 1.

Wiederholung Mehrmals täglich.

Gegenanzeigen Keine bekannt.

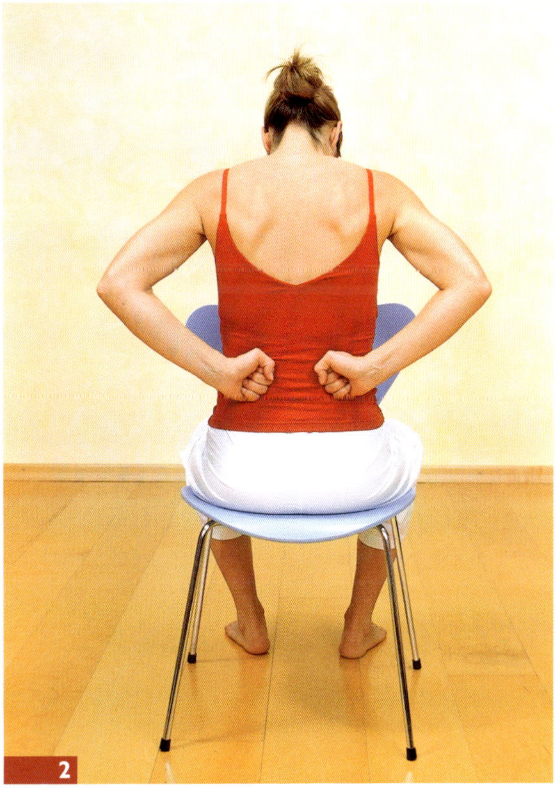
2

TIPP
Hilft auch bei Energiemangel.

Menstruationsbeschwerden

Nicht alle sind betroffen, doch für viele Frauen wird der monatliche Zyklus zum Problem: zu schwache, zu starke oder unregelmäßige Blutungen, krampfartige Schmerzen im Unterleib und Kreuz sowie das prämenstruelle Syndrom (PMS). Die Brust spannt und schmerzt. Müdigkeit und Kopfschmerzen, Stimmungsschwankungen bis hin zu Depressionen treten auf. Ursachen der Menstruationsbeschwerden sind Störungen des Hormonhaushaltes, aber auch psychische Belastungen wie Stress. Ein hoher Blutverlust kann außerdem zu Kreislaufproblemen und Erschöpfungen führen. Liegen die Zyklusschwankungen im Rahmen, gibt es keinen Grund zur Besorgnis. Hier bringen natürliche Helfer Erleichterung: Bei krampfartigen Schmerzen und Ziehen im Unterbauch hilft eine Wärmeauflage (Wickel, Wärmflasche oder Heublumensack). Einen unregelmäßigen Menstruationszyklus und PMS reguliert die dreimonatige Einnahme von Keuschlamm (Mönchspfeffer). Durch Selbstmassage lassen sich die Symptome oft wirksam lindern. Wichtig ist vorm Handanlegen, organische Ursachen der Beschwerden auszuschließen.

Schwedische Massage

1 Bringen Sie Ihre Hüften in schwedischen Schwung: Mit angewinkelten Beinen und flach aufgestellten Füßen hinlegen. Fäuste bilden und rechts und links

1

neben der Wirbelsäule ins Kreuz legen. Wichtig: Die Fingerknöchel berühren den Rücken. Langsam mit den Hüften hin und her schaukeln. Die Fäuste massieren dabei die angespannte Muskulatur.

Wirkung
Spannungen im Kreuz und im Unterbauch werden gelöst. Man fühlt sich flexibler, wird wieder beweglicher. Die Durchblutung wird angekurbelt.

Griffe
Mit den Fingerknöcheln der locker geschlossenen Fäuste wird der untere Rücken vorsichtig massiert. Dabei gehen die Bewegungen allein von der Hüfte aus. Alternative: Sie können statt der Hände auch zwei Tennisbälle verwenden. Dauer: 1 1/2 Minuten.

Stärke
Sanft und gleichmäßig Druck ausüben, Stärke 1.

Wiederholung
1- bis 2-mal täglich.

Gegenanzeigen
Keine bekannt.

Akupressur

2 Durch regelmäßiges Massieren werden Regelschmerzen zur Ausnahme! Akupressieren Sie auf der Bauchmittellinie etwa drei Finger breit unter dem Nabel (AK »Tor des Ursprungs«). Nimmt der Schmerz trotz Selbstbehandlung zu, sollte ein Facharzt aufgesucht werden.

Wirkung
Starke Monatsblutungen werden gelindert, Schmerzen und Krämpfe im Unterbauch lassen nach. Sie fühlen sich insgesamt wohler. Gestaute Energien können wieder fließen.

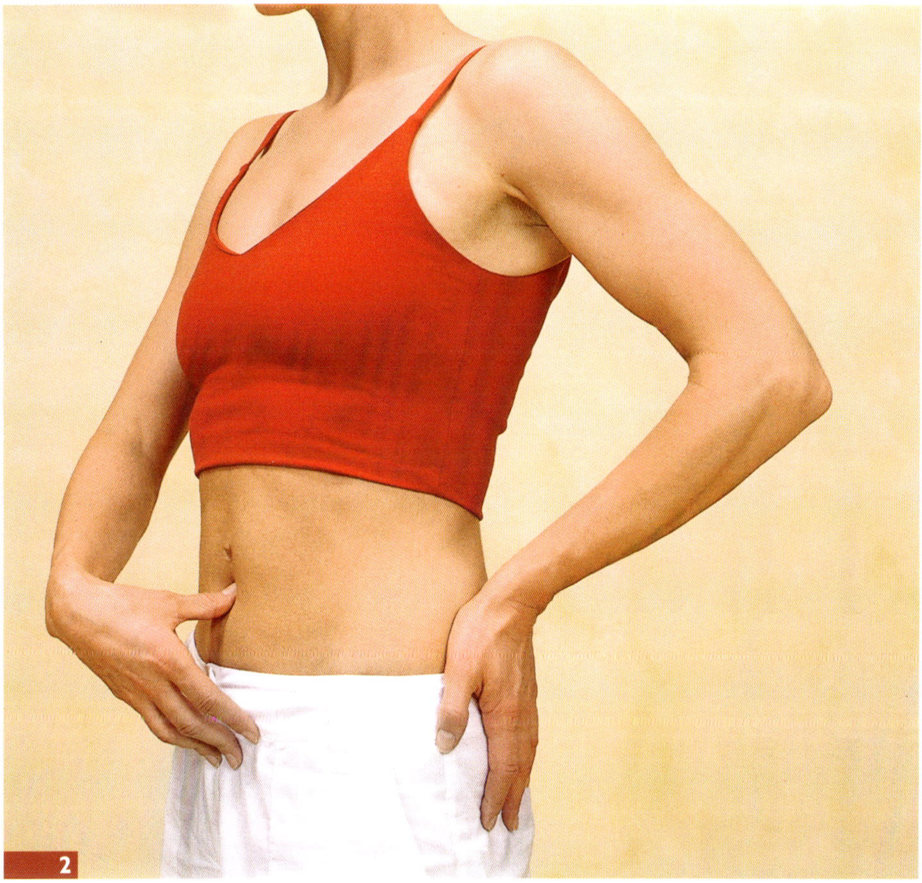
2

Griffe
Sedieren Sie sanft in kleinen Kreisbewegungen mit der Daumenkuppe. Der Druck sollte senkrecht auf den Punkt ausgeübt werden. Das Handgelenk dabei locker lassen. Dauer: mindestens 1 1/2 Minuten, ideal sind 4 Minuten.

Stärke
Mit Gefühl langsam den Druck steigern und wieder abnehmen lassen, Stärke 1 – 3 – 1.

Wiederholung
1- bis 2-mal täglich.

Gegenanzeigen
Fieber.

TIPPS

Die schwedische Massage (Foto 1) hilft auch bei Kreuzschmerzen, die Akupressur (Foto 2) bei Impotenz und Durchfall.

Muskelkrämpfe und -schmerzen

Plötzlich überfällt er den Muskel: Ein Krampf ist ein stechender, unangenehmer Schmerz, der nach Überanstrengung oder ganz unvermittelt auftritt. Besonders häufig ist die Wadenmuskulatur betroffen. Etwa 40 Prozent der Deutschen leiden daran. Aber auch alle anderen Körperteile sowie der gesamte Körper können verkrampfen.

Auslöser sind Zugluft, Überstrapazierung (Muskelkater), Durchblutungsstörungen oder Mangelzustände. Durch schlechte Ernährung oder ungenügend verdaute Kost wird dem Organismus zum Beispiel nicht genügend Magnesium oder Kalzium zugeführt. Die Folge sind krampfhafte Muskelverspannungen.

Wachen Sie nachts krampfgeplagt auf, kommt der spontane Schmerz ständig wieder, muss dringend ein Arzt zu Rate gezogen werden. Rheumaartige Muskelschmerzen oder Muskelkater lassen sich mit Hausmitteln lindern. So geht's: Cayennepfeffer und Chili kurbeln die Durchblutung an, ein angenehmes, schmerzlinderndes Wärmegefühl entsteht. Feurige Fertigpräparate gibt's als Pflaster, Tinktur oder Salbe in der Apotheke. Natürlich wirksam ist auch eine Selbstmassage, sie kann gut beruhigen und entkrampfen.

Shiatsu

1 Bewegen Sie den betroffenen Körperteil mit der Hand. Das dehnt den Muskel und vermindert die Spannung. Reicht eine anschließende Massage der gesamten Muskelregion nicht, den Schmerz zu lindern: einfach direkt mit dem Handballen auf der krampfenden Stelle kneten.

Wirkung

Der Druck wirkt entkrampfend, der Schmerz wird natürlich gelindert. Gestaute Energien können wieder frei fließen. Die verstärkte Durchblutung lässt ein entspannendes Wärmegefühl entstehen. Die Selbstheilungskräfte werden aktiviert, Beschwerden bei Rheuma gelindert.

Griffe

Erst an der betroffenen Stelle 7 Sekunden sanft zugreifen. Dann mit dem Handballen kreisen und Wellen bilden. Dauer: ca. 1 1/2 Minuten.

Stärke

Massieren Sie mit sanftem und gleichmäßigem Druck, Stärke 1.

Wiederholung

Bei Bedarf.

Gegenanzeigen

Krampfadern.

Akupressur

2 Nicht nur bei Fußkrämpfen sorgt dieser Griff für Erleichterung. Legen Sie Ihren linken Fuß auf Ihren rechten Oberschenkel. Zeige- und Mittelfinger der rechten Hand massieren das Ende der Furche, wo der Großzeh- und Zweitezehknochen aufeinander treffen (AK »Großer Ansturm«). Fußwechsel nicht vergessen!

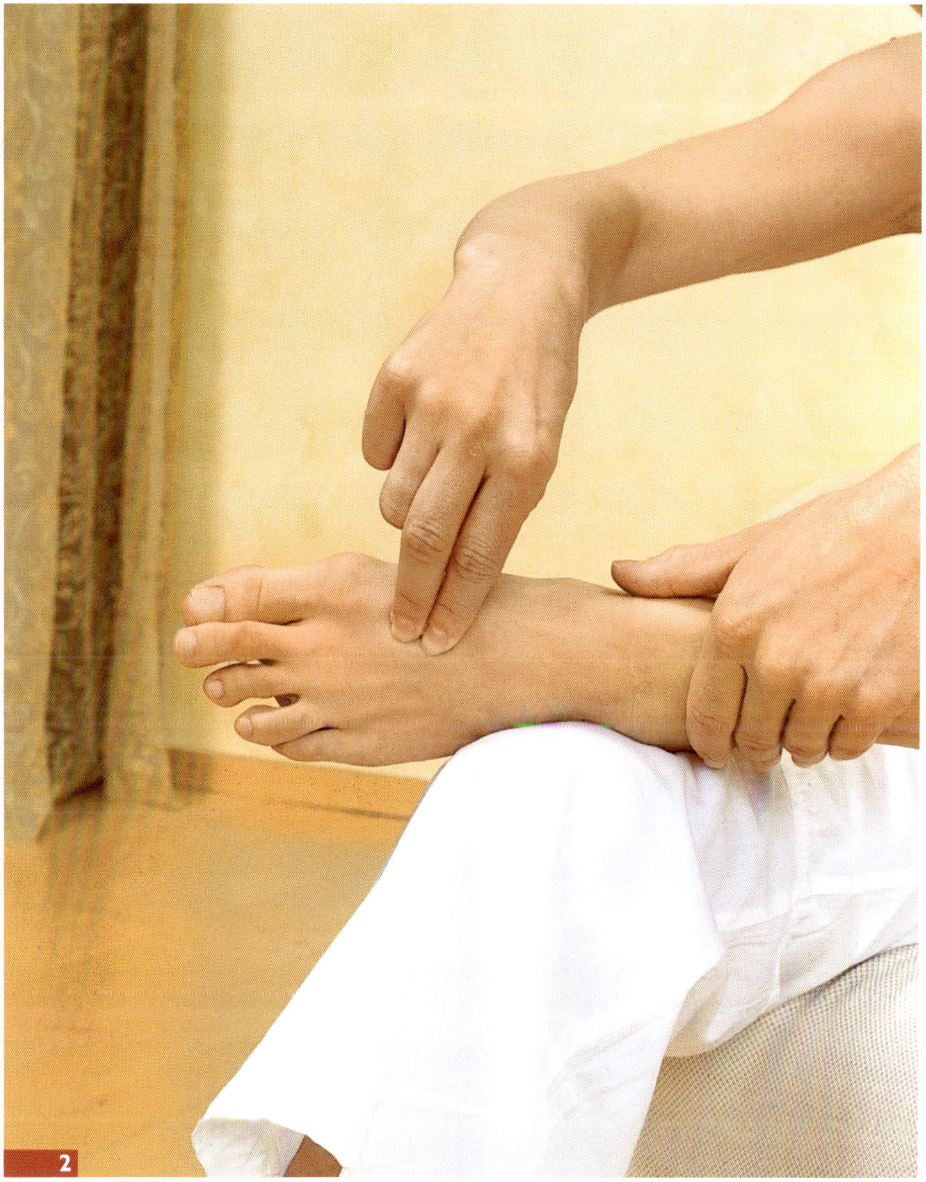
2

Wirkung

Entspannung und Entkrampfung setzen ein. Energie-Ungleichgewichte können ausgeglichen werden. Galle und Leber werden angeregt.

Griffe

Mit den Fingerkuppen senkrecht von oben pressen. Dabei minimale Kreisbewegungen im Uhrzeigersinn ausführen. Dauer: 1 Minute pro Fuß.

Stärke

Vorsichtig und mit Gefühl pressen, Stärke 1.

Wiederholung

Bei jedem Krampfanfall wiederholen.

Gegenanzeigen

Krampfadern.

TIPP

Hilft auch bei Arthritis, Allergien, Kopfschmerzen und Sehstörungen.

Nackenschmerzen und -verspannungen

Wenn morgens der Kopf nur mit Schmerzen zu bewegen ist oder jede Änderung der Bewegungsrichtung zur Qual wird, sind meist Schulter- und Nackenverspannungen schuld. Es zieht, der Hals ist steif, starr und eine tonnenschwere Last scheint uns im Nacken zu sitzen. Seelischer Druck (privater und beruflicher Stress), ungesunde Alltagsgewohnheiten wie das Sitzen mit krummem Rücken (am Computer, im Auto oder vor dem Fernseher), eine verkrampfte und einseitige Körperhaltung und unpassender Sport setzen die Schulterpartie unter Druck.

Neben falschen Haltungsgewohnheiten kann auch schlechte Verdauung den Rücken belasten. Dünndarm- und Gallenblasen-Meridian verlaufen durch den Schulter- und Nackenbereich. Neben gesunder, fett- und salzarmer Ernährung ist viel Bewegung der beste Beschwerdenkiller. Stärken Sie Rücken- und Bauchmuskulatur durch Wirbelsäulengymnastik oder Rückenschwimmen.

Schulen Sie Ihre Körperwahrnehmung mit Entspannungsmethoden wie Yoga, Tai Chi oder Qi Gong. Feuchte Wärme (Heublumensack, warmes Bad, Sauna) und Selbstmassage lindern ebenso die Beschwerden.

TIPP

Hilft auch bei Regelbeschwerden, Kopfschmerzen und Frösteln.

Tuina

1 Packen Sie das Problem mit einer gezielten Massage bei seiner Wurzel! Massieren Sie in der Mitte des oberen Schulterbereichs. Die linke Hand greift in die dort liegende Vertiefung der rechten Schulter (AK »Brunnen der Schulter«) – die rechte Hand behandelt den gegenüberliegenden linken Schulterpunkt.

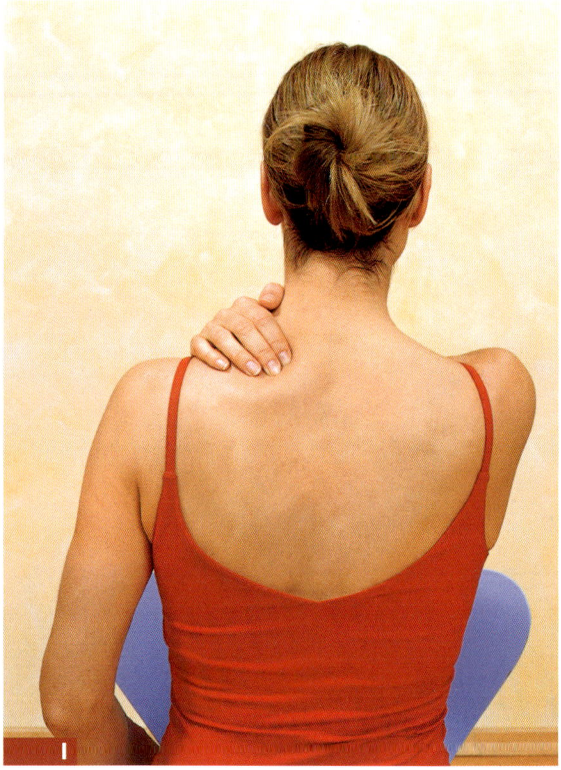

1

Wirkung

Schulter und Sehnen entspannen. Die Last, die uns im Nacken sitzt, erscheint leichter, der Rückenbereich lockert sich. Gestaute Energien werden gelöst.

Griffe

Erst greifen, dann kneifen: Lassen Sie dabei das Handgelenk locker. Mit den Fingerspitzen das Muskelgewebe sanft vom Körper wegziehen. Nicht zerren! 10- bis 20-mal gleichmäßig und kontinuierlich greifen, wegziehen, loslassen. Dauer: etwa 1 Minute pro Seite.

Stärke
Steigern Sie die Kraft von sanft bis mittelstark, Stärke 1 bis 2.

Wiederholung 1- bis 2-mal täglich.

Gegenanzeigen Keine bekannt.

Akupressur

2 Stillen Sie Ihren Schmerz mit asiatischem Druck: Akupressieren Sie den Handrücken in der Furche zwischen dem 4. und 5. Fingerglied in der Mitte der Mittelhandknochen (AK »Mittlere kleine Insel«). Vorsicht: Dieser Punkt ist häufig sehr empfindlich. Regulieren Sie den Druck behutsam. Seitenwechsel nicht vergessen.

Wirkung
Das Qi wird gestärkt. Krämpfe lösen sich, Schmerzen werden gelindert, Entspannung setzt ein. Power-Pluspunkt: Die Sinne werden geschärft und man fühlt sich freier.

Griffe
Mit der Daumenkuppe senkrecht von oben pressen. Kleine Kreisbewegungen ausführen. Dauer: 1 1/2 bis 2 Minuten.

Stärke
Mittelstarken Druck ausüben, Stärke 2.

Wiederholung
Bei Bedarf mehrmals täglich.

Gegenanzeigen
Herz-Kreislauf-Beschwerden.

2

TIPP

Hilft auch bei Schwindel, Ohrensausen und Ohnmacht.

Ohrenschmerzen

Kinder leiden häufig darunter: pulsierende, stechende Schmerzen in den Ohren, starker Druck auf dem Trommelfell, teilweise mit hohem Fieber und einem beeinträchtigten Hörvermögen. Zögern Sie nicht in solchen Fällen zum Arzt zu gehen. Diese Beschwerden müssen behandelt werden. Nicht nur der starke Schmerz, sondern auch drohender Hörverlust sind Grund genug einen Experten aufzusuchen. Die Infektion kann das Mittelohr angreifen und chronisch werden. Treten Ohrenschmerzen mit einer Erkältung oder einem Rachenkatarrh auf, liegt meist ein Tubenkatarrh vor. Die Schleimhäute in den Tuben schwellen an und schließen die Verbindung zum Mittelohr.

Wollen Sie sich nachts oder am Wochenende Linderung verschaffen, unterstützen natürliche Mittel den Heilungsprozess. Altbewährt sind Zwiebelwickel: Eine Zwiebel zerkleinern, in eine Mullbinde packen, die Kompresse 2 bis 3 Stunden auf das kranke Ohr legen. Wärme in Form eines etwas über Körpertemperatur warmen Dinkelkissens oder einer Infrarotlampe hilft ebenso.

TIPPS

Shiatsu (Foto 1) hilft auch bei Kopf- und Nackenschmerzen, Sehstörungen, Schwindel, Reflexzonenmassage (Foto 2) bei Ohrgeräuschen und Abwehrschwäche.

1

Shiatsu

1 Gezielte Kopfmassage verschafft Ihren Ohren Erleichterung: Shiatsu am seitlichen Hinterkopf entlang des Gallenblasen-Meridians, einem Teil des Lenkergefäß-Meridians sowie des Dreifachen-Erwärmers. Legen Sie einen Handballen sanft auf jedes Ohr. Die Fingerspitzen liegen am seitlichen Hinterkopf. Massieren Sie beidseitig von der Krone des Kopfes bis zum Nacken.

Wirkung
Ohrenleiden werden gelindert. Der gestaute Energiefluss wird angeregt. Entspannung tritt ein. Eventuelles Fieber kann sinken. Die angeregte Durchblutung fördert den Heilungsprozess.

Griffe
Alle Fingerspitzen pressen mit der Kuppe in kleinen Kreisbewegungen auf den Hinterkopf. Hände und Handgelenke bleiben entspannt. Dauer: 7 Sekunden.

Stärke
Mit sanftem und gleichmäßigem Druck massieren, Stärke 1.

Wiederholung
Im Akutfall mehrmals täglich.

Gegenanzeigen
Keine bekannt.

Fußreflexzonenmassage

2 Schwerhörigkeit und Druckgefühl per Reflex lindern: Einfach die Reflexzonen der Ohren, Lymphbahnen und des Nasen-Rachen-Raumes kräftig massieren. Die Massagestellen sind in den Spitzen der Zehenspalten, der Mitte des kleinen Zehs sowie der ihm gegenüberliegenden Seite des vierten Zehs. Bei akuten Ohrenschmerzen ersetzt eine Massage nicht die Medikamente.

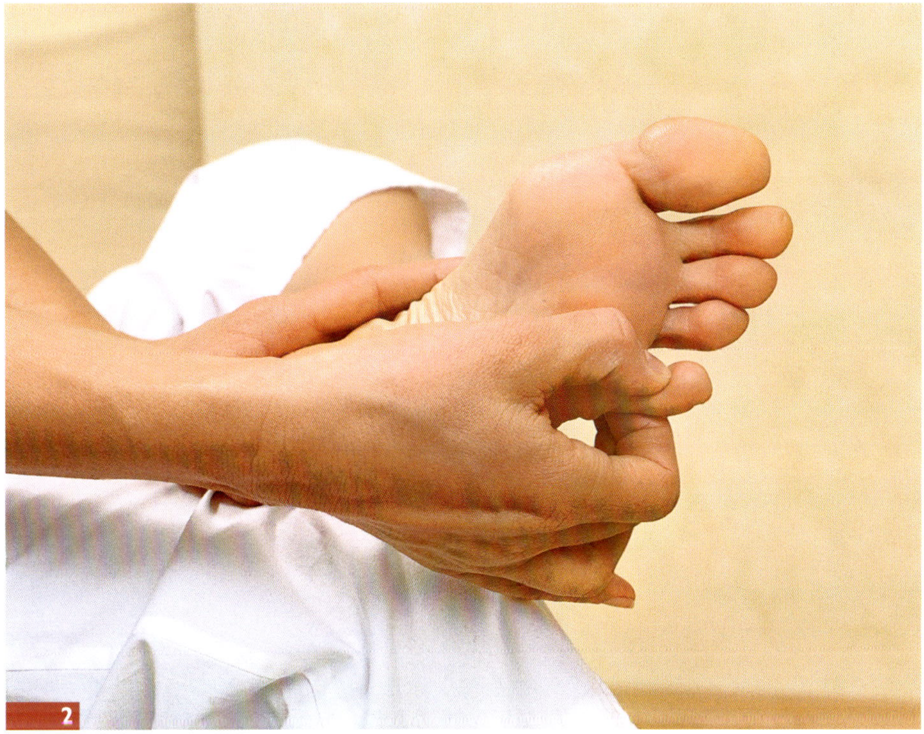
2

Wirkung
Schmerzen schwinden langsam, die Körperabwehr wird angekurbelt, die Lymphe werden angeregt. Möglicher Druck im Ohr lässt bei regelmäßiger Anwendung nach.

Griffe
Pressen Sie den Daumen mit der Kuppe in die zu sedierende Reflexzone. Dauer: mindestens 1 Minute. Lassen die Schmerzen vorher nach, trotzdem weiter massieren.

Stärke
Den behutsamen Druck steigern und gleichmäßig wieder abnehmen lassen, Stärke 1 – 3 – 1.

Wiederholung
2- bis 3-mal wöchentlich.

Gegenanzeigen
Durchblutungsstörungen.

Rheumatische Beschwerden

Schon der Gedanke an das morgendliche Aufstehen, Recken und Strecken ist für manche eine Qual. Sie fürchten Schmerzen in den Gelenken oder Muskeln. Rund 15 Prozent der Bundesbürger leiden an rheumatischen Beschwerden, selbst Kinder sind betroffen. Dabei umfasst der Begriff Rheuma rund 450 Erkrankungen, die an den Bewegungsorganen auftreten und meist mit Schmerzen und Bewegungseinschränkungen verbunden sind. Neben einem Gefühl der Steifheit kann es im Spätstadium zur Zerstörung von Gelenkknorpeln und Knochen kommen.

Die Ursache ist eine Störung des Immunsystems bis hin zu Knochenentzündungen oder Gicht. Eine Entgiftungsstörung des Organismus sowie seine Übersäuerung stehen im direkten Zusammenhang mit dem Schmerz. Suchen Sie bei heftigen Schüben unbedingt den Rheumatologen auf. Eine frühe eindeutige Diagnose kann einer Dauererkrankung vorbeugen. Hilfreiche Hausmittel sind ansteigende Bäder, Wärmebehandlungen mit Heizkissen, bei Entzündungen Kälteauflagen. Selbstmassage kann den Schmerz lindern.

Akupressur

1 Mit der Massage des Akupunkturpunktes »Mitte des Handtellers« sorgen Sie für eine Linderung von Hand-, Finger- und Handgelenksschmerzen.

So geht's: Akupressieren Sie in der Mitte der Handfläche zwischen dem 3. und 4. Mittelhandknochen. Bei entzündlichen Rheumaformen sollten Sie nur behutsam zupacken, während bei chronischem Rheumatismus kräftiges Kneten erwünscht ist.

Wirkung

Die Durchblutung wird angekurbelt, belastende Giftstoffe werden dadurch schneller ausgeschieden. Beruhigung tritt ein, Sie können sich besser entspannen.

Griffe

Senkrecht von oben mit der Daumenkuppe auf den Punkt pressen. Kleine Kreisbewegungen ausführen. Dauer: 1 1/2 bis 3 Minuten. Seitenwechsel nicht vergessen.

Stärke

Gleichmäßig und sanft pressen, Stärke 1.

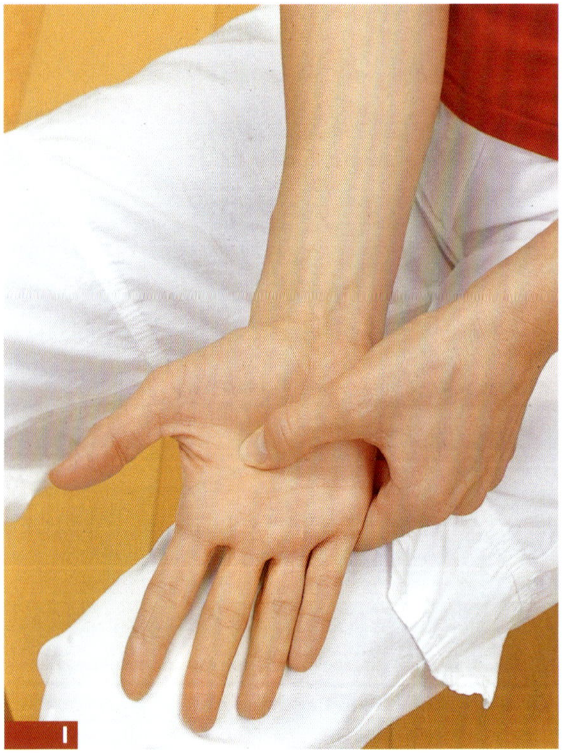

1

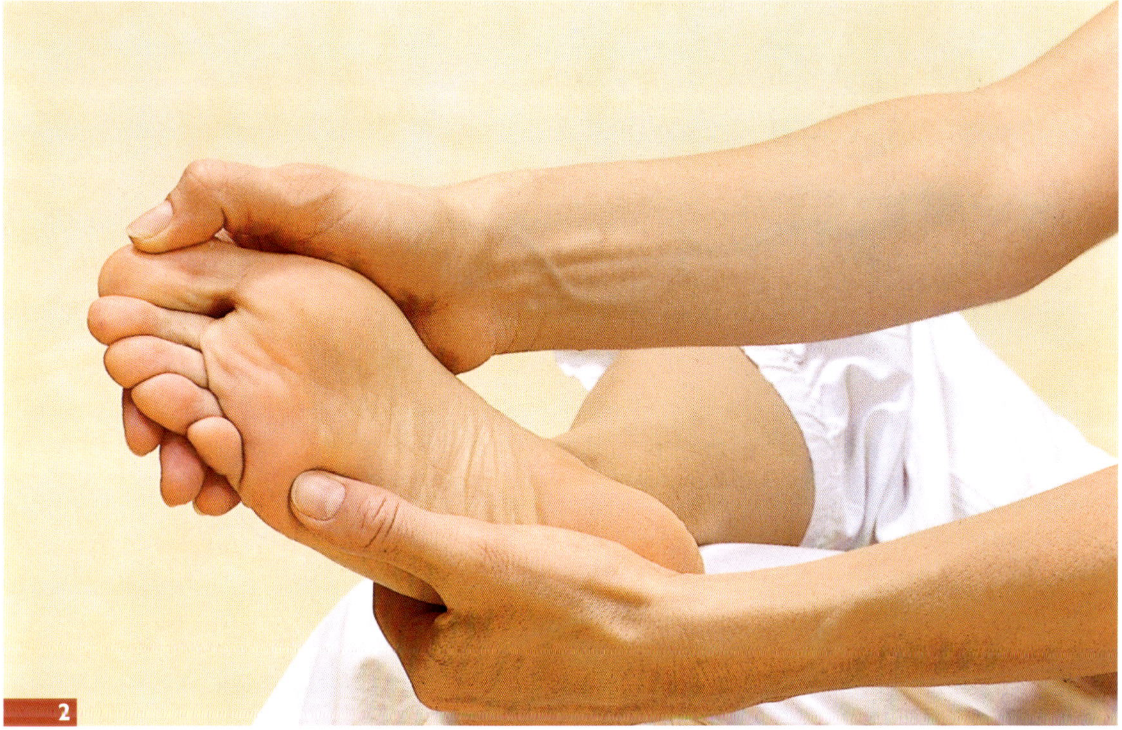

2

Wiederholung
1- bis 2-mal täglich, am besten morgens.

Gegenanzeigen
Keine bekannt.

Fußreflexzonenmassage

2 Massieren Sie die Zonen des Schultergürtels, der Lymphbahnen, Wirbelsäule, Nieren, Nebennieren, Leber und Galle sowie des Darms. Massieren Sie zwei Fingerbreit unterhalb des kleinen Zehs, die Zehenzwischenräume, die Innenkante der Fußsohle, die Fußmitte sowie das 2. und 3. Fußsohlen-Viertel.

Wirkung
Anregung des Abwehrsystems und Lymphflusses. Giftstoffe können besser abtransportiert und ausgeschieden werden. Bewegungsschmerzen werden sanft gelindert, Missempfindungen lassen langsam nach.

Griffe
Auf der jeweiligen Reflexzone mit der Daumenkuppe kleine Kreise beschreiben. Sanft in die nächste Behandlungszone wandern. Halten Sie sich an die genannte Reihenfolge. Vergessen Sie nicht den Fußwechsel. Wichtig sind fließende Massagebewegungen. Dauer: 1 bis 2 Minuten.

Stärke
Mit mittlerem Druck kreisen, Stärke 2.

Wiederholung
Im Akutfall 3-mal und als Begleittherapie 2-mal wöchentlich.

Gegenanzeigen
Durchblutungsstörungen.

TIPPS

Die Akupressur (Foto 1) hilft auch bei Angst, Energiemangel und Wetterfühligkeit, die Reflexzonenmassage (Foto 2) bei Abwehrschwäche und Energielosigkeit.

Schlaflosigkeit

Sie sind hundemüde, haben nachts kein Auge zugetan? Sie brauchen zum Einschlafen länger als eine halbe Stunde oder wachen ständig oder zu früh auf und können kaum wieder einschlafen? Dann leiden Sie wie jeder vierte Deutsche unter Schlafstörungen. Neben Augenringen, Konzentrationsmangel und ständiger Gereiztheit drohen auf die Dauer Herz-Kreislauf-Erkrankungen, Magen-Darm-Probleme oder Infektanfälligkeit. Wer vier Wochen lang Ein- oder Durchschlafprobleme hat, sollte zum Arzt gehen. Manchmal ist eine Depression für die Schlaflosigkeit verantwortlich. Körperliche Probleme wie Kopfschmerzen, Störungen der Umgebung wie Lärm und Licht sowie Medikamente und innere Unruhe sind weitere Ursachen.

Bei leichten Schlafschwierigkeiten hilft Bewegung und Entspannung. Machen Sie einen Spaziergang, gönnen Sie sich ein Bad mit Lavendel, Melisse oder Hopfen. Vermeiden Sie am Abend Sport, Kaffee und Alkohol. Lassen Sie die Sorgen dort, wo sie entstehen. Probieren Sie Selbstmassage statt Schlaftabletten.

TIPP

Hilft auch bei Zyklusverschiebungen, Gereiztheit und Angst.

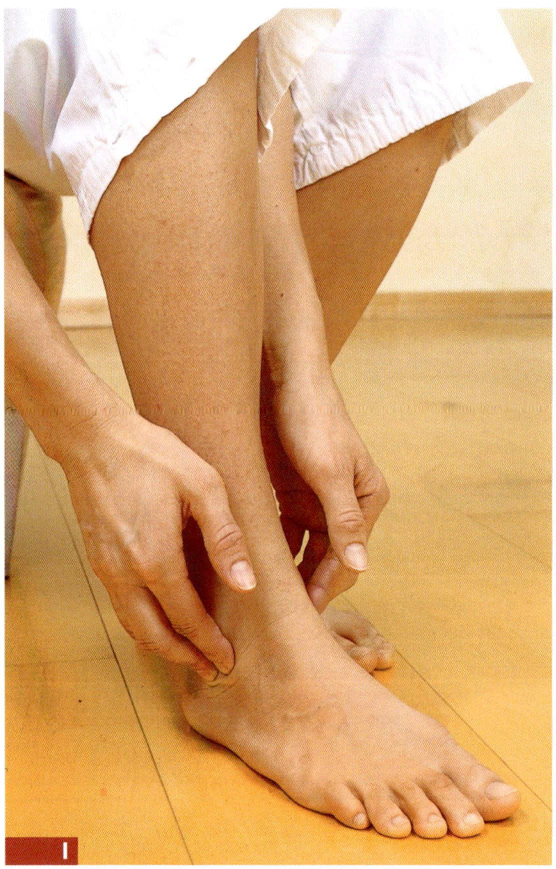

Akupressur

1 Massieren Sie gleichzeitig in den Vertiefungen unterhalb der Spitze des Außenknöchels (AK »Ausdruck des Wundermeridians«) und des Innenknöchels (AK »Meer der Erhellung«).
Für eine optimale Wirkung sollten Sie am besten vor dem Schlafengehen akupressieren!

Wirkung

Entspannung tritt ein, Sie fühlen sich ruhiger. Ein Loslassen gelingt leichter. Yin und Yang werden ausgeglichen. Verkrampfungen lösen sich langsam. Sie schlafen besser ein.

Griffe

Mit den Fingerspitzen der rechten Hand akupressieren Sie am Außenknöchel, die Kuppen der linken Hand bearbeiten die Innenseite. Beschreiben Sie langsam kleine Kreise. Dauer: 1 1/2 bis 2 Minuten. Beinwechsel.

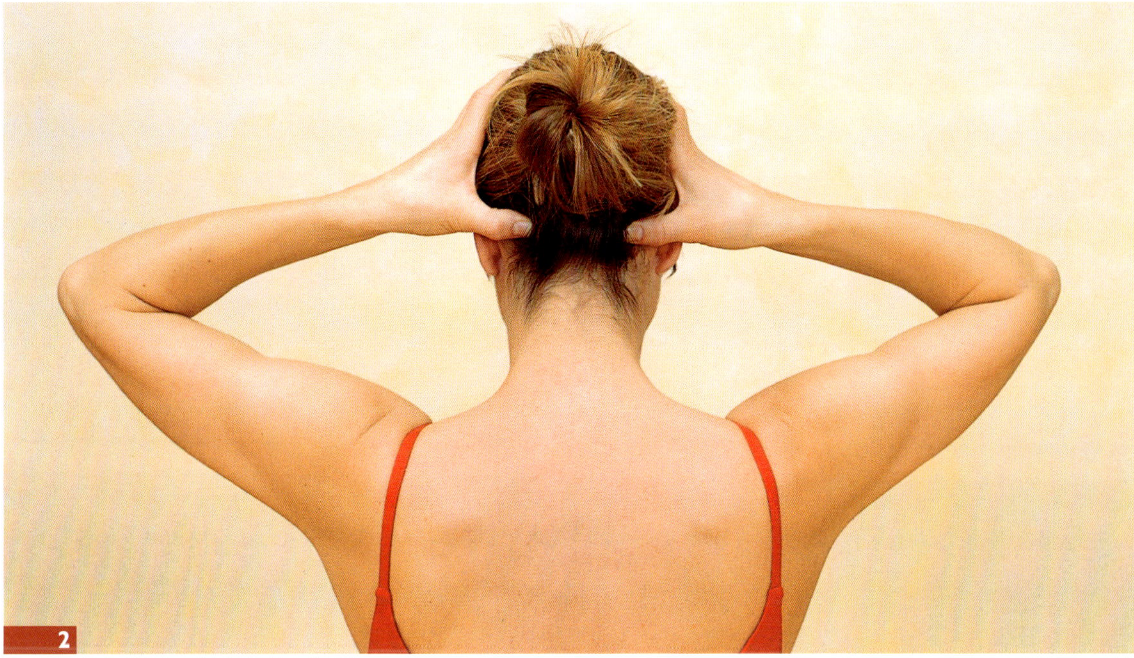
2

TIPP

Hilft auch bei Erkältungen, Kopfschmerzen, Schwindel und Nervosität.

Stärke
Gleichmäßig sanft drücken, wie auf einen Lichtschalter, Stärke 1.

Wiederholung
Bei Bedarf.

Gegenanzeigen
Keine bekannt.

Shiatsu

2 Beruhigen Sie Geist und Körper mit der Punktmassage! Bearbeiten Sie den mittleren Rand des Schädelbasisknochens: die kleine tastbare Grube am Hinterkopf, ein bis zwei Finger über dem Haaransatz (AK »Versammlungshalle des Windes«). Wer nur mit Shiatsu zur Ruhe kommt, sollte die Ursache der Schlafstörungen ärztlich abklären. Selbstmassage soll nicht angewendet werden, um das eigentliche Problem zu verschleiern.

Wirkung
Schlaflosigkeit wird gemindert. Sich aufdrängende Gedanken können beiseite geschoben werden. Nervosität lässt nach, Ruhe kehrt ein. Sie können schneller einschlafen.

Griffe
Mit der Kuppe des Daumens beider Hände kreisend massieren. Üben Sie nur senkrechten Druck aus, das bringt Schwung in Ihren Energiekreislauf. Üben Sie Gegendruck von vorne auf Schädel und Stirn aus. Dauer: 3-mal hintereinander 7 Sekunden.

Stärke
Pressen Sie behutsam und gleichmäßig, Stärke 1.

Wiederholung
Bei Bedarf.

Gegenanzeigen
Keine bekannt.

Schwindel

1

TIPPS

Tuina (Foto 1) hilft auch bei Kopf- und Zahnschmerzen, Augenkrankheiten, die schwedische Massage (Foto 2) hilft bei müden Füßen und fördert die Entspannung.

Alles schwankt und dreht sich, oben und unten scheint eins: Schwindel hat viele Auslöser. Ob als Begleiterscheinung von Migräne, einem Kater, niedrigem oder zu hohem Blutdruck, Reisekrankheit, Durchblutungsstörungen des Gehirns oder einer Erkrankung des Innenohrs – die Gleichgewichtsstörung tritt meist mit Taumeln, Übelkeit, Erbrechen, Schweißausbrüchen oder Schwarzsehen auf. Sie fühlen sich unsicher und orientierungslos im Raum. Viele Schwindelanfälle sind harmlos, sie werden zum Beispiel durch Höhe oder schnelle Bewegungen ausgelöst. Wer jedoch nicht nur in solchen Situationen, beim Fahren auf der Achterbahn oder bei einer Unterzuckerung ins Schwanken kommt, sollte den Arzt aufsuchen. Vor allem, wenn andere Beschwerden wie Ohnmacht, Ohrgeräusche oder Kopfschmerzen hinzukommen. Meist vergeht Schwindel jedoch von selbst. Natürliche Hilfen sind das homöopathische Mittel Cocculus bei Reisekrankheit oder Ginko-Arznei bei Durchblutungsstörungen des Gehirns. Eine Selbstmassage gibt den perfekten Kreislauf-Kick – greifen Sie zu!

Tuina

1 Tuina lässt den Schwindel schwinden: Legen Sie bei Drehschwindel und Anspannung beide Daumen seitlich an die Schläfe, einen Fingerbreit neben dem Mittelpunkt der Verbindungslinie zwischen Augenbrauen-Ende und Augenwinkel (AK »Grosses Yang«). Die anderen Finger ruhen auf dem Kopf. Beide Daumen massieren gleichzeitig. Atmen Sie ruhig und gleichmäßig weiter.

Wirkung

Gestaute Energien können wieder in Fluss kommen. Anspannung und Kopfschmerzen werden gelindert. Grund: Die Durchblutung wird angekurbelt und Selbstheilungskräfte angeregt.

Griffe

Erst pressen, dann kneten. Leichtes Kneten schließt die Massage ab. Führen Sie dabei kleine kreisende Bewegungen aus. Der Impuls kommt aus dem obersten Daumenglied. Ideal sind ca. 72 Wiederholungen. Dauer: 1 1/2 bis 2 Minuten.

Stärke

Pressen Sie kurz und kräftig, kneten Sie sanft und gleichmäßig im Uhrzeigersinn, Stärke 3 und Stärke 1.

Wiederholung

Im Akutfall täglich.

Gegenanzeigen

Keine bekannt.

Schwedische Massage

2 Bei Schwindel ist die klassische schwedische Selbstmassage besonders hilfreich: Massieren Sie Ihre Hände, Finger und Handgelenke. Anschließend streichen Sie beide Füße, Zehen und Knöchel aus. Schmerzende Stellen erfordern besondere Aufmerksamkeit. Auf keinen Fall sollten Sie empfindliche Stellen einfach übergehen. Massieren Sie diese behutsam, bis sich eine Besserung einstellt. Nur so können sich Verkrampfungen und Knoten lösen.

Wirkung

Die Durchblutung wird angekurbelt, der Kreislauf kommt in Schwung. Ein angenehmes Wärmegefühl breitet sich aus. Entspannungsplus: Die Muskulatur wird gelockert.

Griffe

Streichen Sie mit der Handfläche oder dem Daumen kräftig über die Haut, ohne zu zerren. Üben Sie dabei gleichmäßig Druck aus. Dauer: mindestens 1 1/2 Minuten.

Stärke

Massieren Sie mit mittelstarkem bis kräftigem Druck. Sobald es schmerzt, sanfter zugreifen, Stärke 2 bis 3.

Wiederholung

2-mal täglich.

Gegenanzeigen

Offene Wunden, Hautkrankheiten.

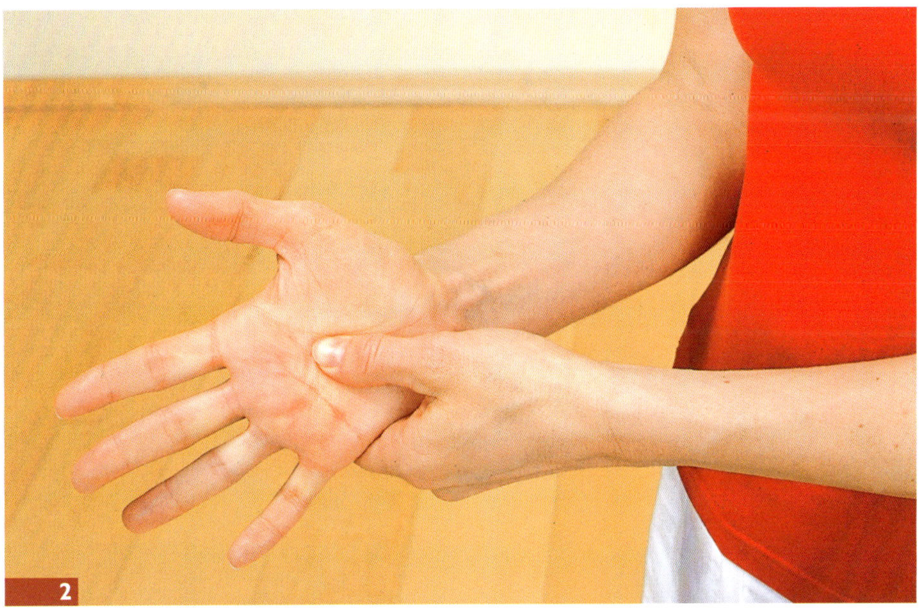
2

Übelkeit

Ein flaues Gefühl im Magen und Brechreiz: Auf Übelkeit folgt meist Übergeben. Der Körper kann sich dadurch von giftigen und unverträglichen Substanzen befreien. Häufige Ursache für Übelkeit ist ein viraler Infekt oder übermäßiges bzw. verdorbenes Essen. Belastung und Nervosität, beispielsweise vor einer Prüfung oder einem wichtigen Gespräch mit dem Vorgesetzten, können ebenso auf den Magen schlagen.

Das Brechzentrum sitzt im Gehirn und ist mit Nase, Augen, Mund und Magen gekoppelt. Es ist kein Wunder, dass Sinneseindrücke wie Höhe und Geschwindigkeit und Gleichgewichtsstörungen Übelkeit verursachen. Wenn Sie einen Kater haben oder an der Reisekrankheit leiden, lindern homöopathische Mittel wie Nux Vomica Globuli oder einfach Ingwer als Tee oder Pulver die Übelkeit.

Bei Erbrechen müssen Sie den Mineralien- und Flüssigkeitsverlust unbedingt ausgleichen! Trinken Sie reichlich Tee und Wasser-Saft-Mischungen. Für Schwangere hat sich das Trinken von Himbeertee am Morgen gegen Übelkeit bewährt. Selbstmassage sorgt ebenfalls für schnelle Hilfe.

Tuina

1 Reiben Sie den üblen Reiz mit Tuina weg: Erst eng um den Bauchnabel (AK »Mitte des Nabels«) herum mit übereinander gelegten Händen massieren, dann den gesamten Bauchbereich kreisend behandeln. Massieren Sie über mehrere Meridiane hinweg die ganze Rundung mit einbeziehend. Nach der Massage rumort es gelegentlich im Darm. Das ist ganz normal. Der beste Zeitpunkt für die Behandlung ist morgens nach dem Aufstehen.

TIPP

Hilft auch bei Durchfall, Blähungen und Bauchschmerzen.

1

Wirkung
Bis tief in den Bauch breitet sich ein Wärmegefühl aus. Die Durchblutung wird angekurbelt, Yin und Yang ins Gleichgewicht gebracht. Beklemmungen und Bauchschmerzen lassen nach. Zwerchfell und Darm können entspannen.

Griffe
Zeige-, Mittel- oder Ringfinger reiben kreis- oder linienförmig mäßig kraftvoll und sorgsam um den Bauchnabel. Das Handgelenk ist dabei entspannt. Dauer: mindestens 1 1/2 Minuten. Ideal: 36-mal im und 36-mal gegen den Uhrzeigersinn kreisend reiben.

Stärke
Üben Sie sanften bis mittleren Druck aus, Stärke 1 bis 2.

Wiederholung
Bei Bedarf – mindestens einmal täglich.

Gegenanzeigen
Operationen am Bauch, Schwangerschaft.

Akupressur

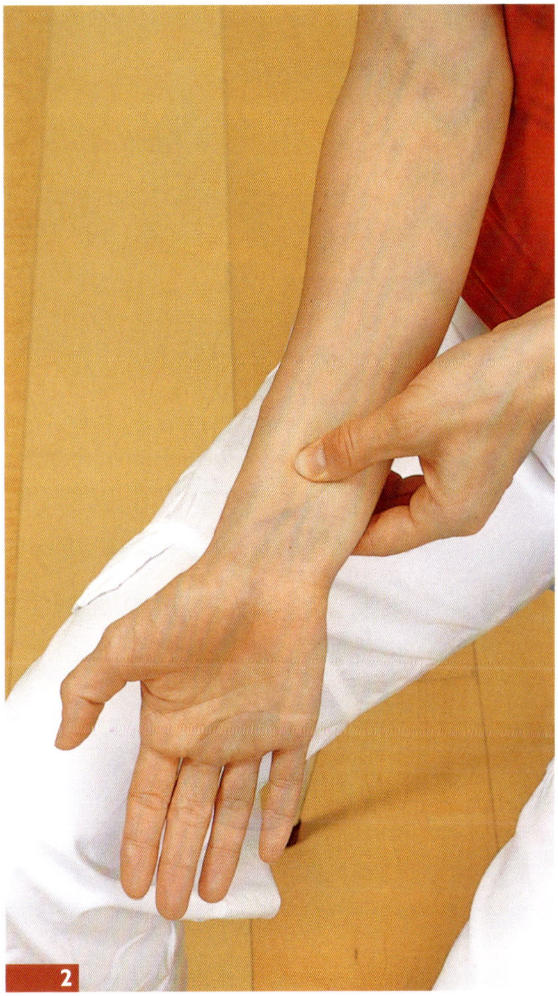

2

2 Selbst Schwangere können mit asiatischer Punktmassage problemlos Übelkeit mildern: Akupressieren Sie etwa zweieinhalb Finger unter der Handgelenksfalte zwischen der Sehne und Mittellinie des Unterarms (AK »Inneres Passtor«). Wenn der Massagegriff Schmerzen verursacht, sollten Sie den Druck verringern.

Wirkung
Magen und Bauch werden harmonisiert. Energiestauungen lösen sich, Entspannung setzt ein. Übelkeit und Erregung lassen nach. Sie fühlen sich besser.

Griffe
Pressen Sie konstant mit dem Daumen der linken Hand auf der Innenseite des rechten Armes. Halten Sie den Druck fünf tiefe Atemzüge lang. Armwechsel. Dauer: Wiederholen Sie die Massage im Wechsel, möglichst bis die Übelkeit vergangen ist – mindestens 90 Sekunden.

Stärke
Sanft und anhaltend akupressieren, Stärke 1.

Wiederholung
Bei Bedarf.

Gegenanzeigen
Keine bekannt.

TIPP

Hilft auch bei Schlaflosigkeit, Reisekrankheit, Schluckauf und Blasenschwäche.

Verdauungsprobleme

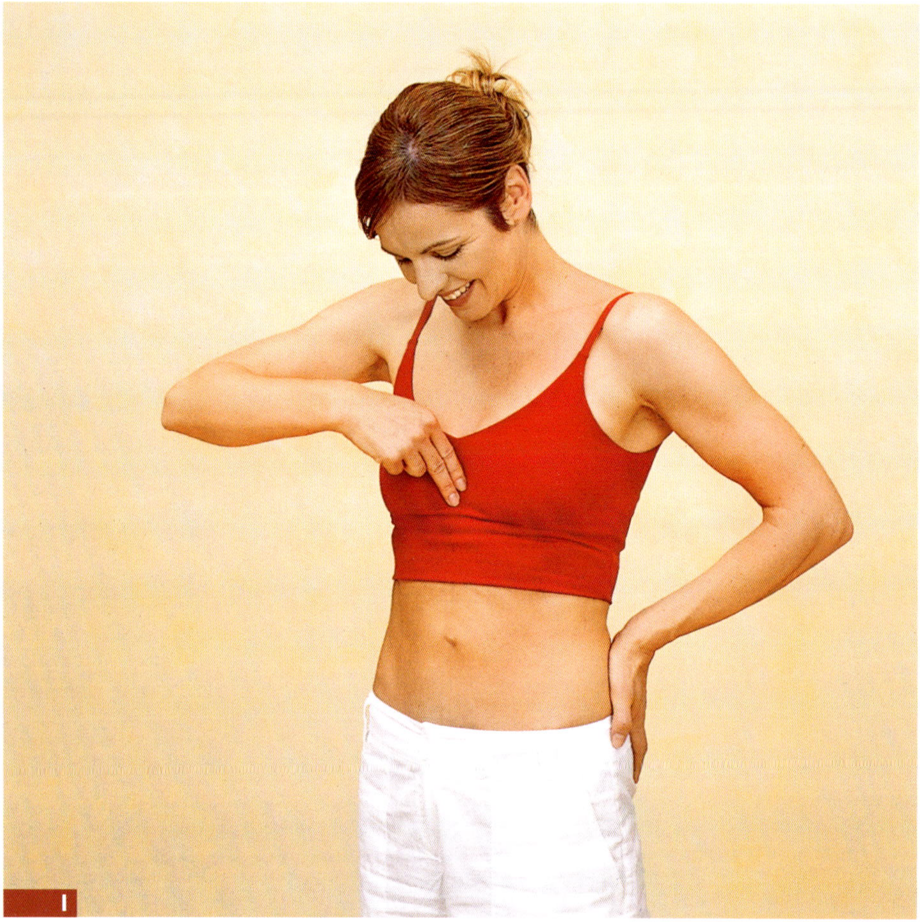

1

Es rumort, zwickt und zwackt in Magen und Darm: Völlegefühl, Appetitlosigkeit, Sodbrennen und Grummeln sind typische Störungen des Verdauungstraktes. Ein Grund für die Beschwerden im Magen-Darm-Bereich ist überwiegend falsches Essverhalten. In der Kantine wird die Mahlzeit häufig schnell gegessen ohne genügend zu kauen. Oder die Ernährung ist unregelmäßig, zu fett, unausgewogen und übermäßig. Meist sind den Geplagten die Ursachen bewusst, doch kaum einer ändert die auslösenden Faktoren. Achten Sie auf eine ausreichende Zufuhr von Ballaststoffen. Essen Sie reichlich Obst und Gemüse. Nehmen Sie täglich 2 bis 3 Liter Flüssigkeit zu sich. Bevorzugen Sie Mineralwasser und Kräutertees. Essen Sie regelmäßig, nicht übermäßig. Gelegentlich schlägt die Psyche auf die Verdauung. Bringen Belastungen und Nervosität Ihren Bauch zum Rebellieren, beruhigen Entspannungsmethoden wie Autogenes Training oder Progressive Muskelentspannung. Heilpflanzen verschaffen zusätzlich Erleichterung: zum Beispiel Anis-Fenchel-Kümmel-Tee, Kamillen- und Pfefferminztee. Gezielte Massagegriffe unterstützen sanft Ihre Verdauung.

Tuina

1 Besänftigen Sie mit Tuina Ihren Bauch: Massieren Sie entlang des Konzeptionsgefäßes »Renmai« vom Schwertfortsatz unterhalb des Brustbeins bis zur Beckensymphyse, der Gelenkverbindung zwischen rechtem und linkem Schambein. Führen Sie die Griffe vom Brustbein zum Schambein aus, nicht umgekehrt.

Wirkung

Der Yin-Fluss wird reguliert, Verdauungsbeschwerden werden gelindert. Die Durchblutung wird angekurbelt und die Selbstheilungskräfte werden angeregt.

Griffe

Legen Sie die Spitzen des Mittel- und Zeigefingers seitlich auf das Ende des Brustbeins. Schieben Sie die Fingerkuppen in einer gleichmäßigen Bewegung ohne abzusetzen langsam abwärts. Erneut am Schwertfortsatz ansetzen. Den Massagegriff 20- bis 30-mal wiederholen. Dauer: 1 bis 2 Minuten.

Stärke

Schieben Sie mit sanftem Druck von oben nach unten, Stärke 1.

Wiederholung

Täglich.

Gegenanzeigen

Keine bekannt.

Tipp

Hilft auch bei Übelkeit und Bauchschmerzen.

Shiatsu

2 Schlägt Ihnen etwas auf den Magen und Sie haben Probleme mit der Verdauung, hilft eine asiatische Massage der Darmmeridiane die Beschwerden zu besänftigen. Eilige bearbeiten nur die Meridianabschnitte am Bauch. Denn dort treffen sich mehrere Energiebahnen gleichzeitig. Massieren Sie mit der flachen Hand ohne abzusetzen den gesamten Magen-Darm-Bereich von oben nach unten.

Wirkung

Wärme breitet sich im Bauchraum aus, die Verdauungsorgane werden angeregt. Grummelgeräusche und Spannungsgefühle lassen nach.

Griffe

Stemmen Sie die Hände in die Hüften. Die Daumen sind nach hinten in Richtung Rücken abgespreizt, die Finger liegen in Nabelhöhe auf dem Bauch, die Handflächen umfassen den Torso. Jetzt mit sanftem Druck die Hände langsam nach unten gleiten lassen. Absetzen und den Ablauf wiederholen. Dauer: 30 Sekunden.

Stärke

Üben Sie sanften und langen Druck aus, Stärke 1.

Wiederholung

Im Akutfall mehrmals täglich.

Gegenanzeigen

Operationen im Bauchraum, Tumore.

Tipp

Hilft auch bei Appetitlosigkeit.

2

Verstopfungen

Schmerzhafte Darmentleerung, ständiges Völlegefühl im Unterleib, der Stuhl ist hart und trocken: Über die Hälfte der Deutschen leidet an Verstopfungen. Dabei ist die Häufigkeit der Darmentleerung nicht maßgebend. Denn zwischen 3-mal täglich bis alle zwei Tage den Darm zu entleeren, ist durchaus normal. Erst bei weniger als drei Stuhlgängen pro Woche leiden Sie unter Verstopfungen. Ursachen können sein: ein träger Darm aufgrund von Bewegungsmangel, Medikamenteneinnahme, ballaststoffarme Ernährung, mangelnde Flüssigkeitszufuhr, sexuelle Probleme, Schwangerschaft, Erkrankungen des Darms und Stress. Treten Verstopfungen mit Fieber, Erbrechen und Kreislaufbeschwerden auf, muss sofort ein Arzt aufgesucht werden. Darmverschluss droht. In leichten Fällen bringt eine Veränderung der Ess- und Lebensgewohnheiten den Darm wieder in Schwung. Verzichten Sie auf Abführmittel, diese entziehen dem Darm Wasser und verstärken dadurch seine Trägheit. Essen Sie mehr Vollkornprodukte und Gemüse, reduzieren Sie den Kaffee-, Schokoladen-, Bier- und Weinkonsum. Bewegen Sie sich! Und: Legen Sie Hand an!

TIPPS

Die Reflexzonenmassage (Foto 1) hilft auch bei Blähungen und Darmgeräuschen, die schwedische Massage (Foto 2) bei Verdauungsproblemen.

Fußreflexzonenmassage

1 Verstopfungen erfordern Fingerspitzengefühl: Eine Massage der Fußreflexzonen von Brust- und Lendenwirbelsäule, Epiphyse, der Hypophyse, Leber, Galle und Bauchspeicheldrüse, des Bauches, Solarplexus und Darms lindert Ihre Beschwerden. Die Zonenlage: die obere Hälfte der Fuß-Innenseite und Sohle, in der Großzehmitte und die untere Fußsohlen-Hälfte bis zum Ballen.

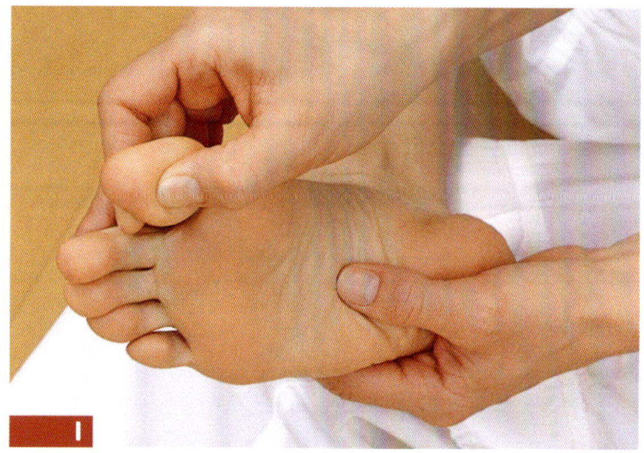

1

Wirkung
Unangenehme Begleiterscheinungen wie Blähungen und Sodbrennen lassen nach. Die Peristaltik wird angeregt, Sie können häufiger den Darm entleeren.

Griffe
Eine Hand hält den Fuß. Mit der Daumenkuppe der anderen Hand kreisend massieren. Im wellenartigen Raupengang von einer Reflexzone zur nächsten wechseln. Wieder kreisend kneten. Dauer: 1 bis 2 Minuten.

Stärke
Kreisend mit mittlerem Druck arbeiten, Stärke 1. Beim Raupengang ansteigende und wieder abnehmende Kraft ausüben, Stärke 1 – 3 – 1.

Wiederholung
2-mal wöchentlich als mehrmonatige Kur.

Gegenanzeigen Keine bekannt.

Schwedische Massage

2 Selbst chronische Verstopfungen können mit der schwedischen Massage gut gelindert werden: Massieren Sie im Sitzen oder Liegen Ihren gesamten Bauch mit gleichmäßigen Kreisbewegungen.
Wählen Sie die für Sie angenehmste Position. Legen Sie sich auf eine feste Unterlage, falls Sie im Liegen massieren wollen. Der Oberkörper ist entspannt, die Beine sind entweder gestreckt oder die Füße werden aufgestellt. Griffe und Atmung sollen aufeinander abgestimmt werden. Achten Sie vor allem auf eine langsame und lange Ausatmung.

Wirkung

Die Peristaltik wird angeregt und gestärkt. Magen und Darm werden besser durchblutet. Nahrungsmittel können so besser durch den Verdauungstrakt transportiert werden.

Griffe

Legen Sie die linke Faust auf den Bauch. Klatschen Sie mit der rechten Hand auf die Faust. Einatmen. Tief ausatmen. Dabei die Hände sanft in den Bauch pressen und einen großen Kreis um den Bauch ausführen. Die Bewegung immer im Uhrzeigersinn ausführen. 10 Wiederholungen. Dauer: 1 1/2 Minuten.

Stärke

Massieren Sie mit sanftem Druck, nicht ruckartig oder heftig. Stärke 1.

Wiederholung

Bei Bedarf. Mindestens 1-mal täglich bei chronischen Beschwerden.

Gegenanzeigen

Operationen im Bereich von Magen und Darm, Magengeschwüre.

2

Wassereinlagerungen

Unterschenkel und Knöchel wirken geschwollen. Wird die Haut eingedrückt, bleibt eine Delle zurück. Wassereinlagerungen sind nicht immer harmlos. Häufig sind Herz- und Nierenerkrankungen, Diabetes, Allergien, Infektionen, Thrombosen, Eiweißmangel oder Neben wirkungen bestimmter Medikamente die Ursachen für so genannte Ödeme. Konsultieren Sie in diesen Fällen unbedingt den Arzt. Von einer Selbstmassage ist abzuraten. Lymphdrainage und Physiotherapie von Expertenhand verschaffen Linderung.
Sind Hormonschwankungen, langes Stehen oder Sitzen, Hitze sowie ein hoher Konsum von Kaffee oder Alkohol die Auslöser der Schwellungen, kann gezielte Selbstmassage die Symptome lindern. Sanfte Mittel wie ansteigende Fußbäder oder Wassertreten in kaltem Wasser helfen zusätzlich gegen Wassereinlagerungen, schmerzende Beine und gespanntes Gewebe. So entlasten Sie Ihre Venen: auf dem Rücken liegend die Beine an der Wand hochlegen. Besonders wirkungsvoll ist diese Position, wenn Sie sie 10 Minuten vor dem Schlafengehen einnehmen.

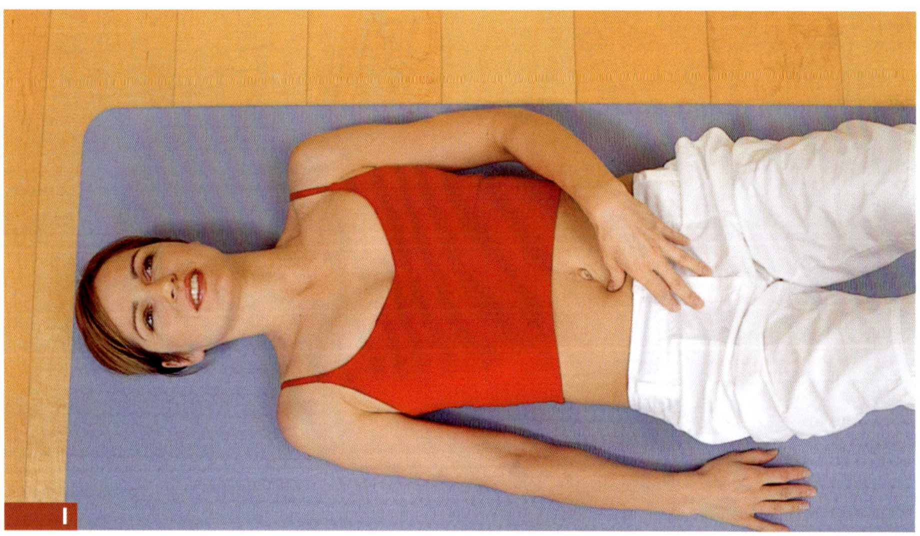

Tuina

1 Tuina reguliert oberflächliche Wassereinlagerungen: Bei Schwellungen der Beine massieren Sie 1 1/2 Finger breit unter dem Bauchnabel (AK »Meer des Qi«). Begeben Sie sich in eine aufrechte und bequeme Sitzposition oder legen Sie sich entspannt flach auf den Rücken. Während der Massage sollten Sie ruhig und gleichmäßig weiteratmen.

Wirkung

Die Durchblutung wird angekurbelt, Lymphfluss und Selbstheilungskräfte werden angeregt. Gestautes Qi kommt wieder in Fluss.

Griffe

Führen Sie kleine kreisende Knetbewegung aus. Die Kraft kommt aus dem obersten Daumen- oder Mittelfingerglied. Das Handgelenk soll beim Massieren nicht verkrampfen. Ideal: 36 Wiederholungen.
Dauer: ca. 1 Minute.

Stärke

Kneten Sie sanft und gleichmäßig im Uhrzeigersinn. Stärke 1.

Wiederholung

Täglich.

Gegenanzeigen
Operationen im Bereich des Bauches.

Tipp
Hilft auch bei Erschöpfung und Darmbeschwerden.

Akupressur

2 Mit punktgenauem Druck lassen Schwellungen an Unterschenkeln und Füßen nach: Massieren Sie beidseitig unterhalb des Knies in der Vertiefung zwischen Schienbein und Kniescheibe (AK »Quelle am Yin-Hügel«). Legen Sie Ihre Hände jeweils mit den Handballen an die Innenseite des Schienbeins. Die Fingerspitzen liegen genau mittig in der Kuhle auf dem Akupressurpunkt.

Wirkung
Der Qi-Fluss und die Flüssigkeit im Körper werden reguliert. Anspannungen lösen sich, Wohlgefühl breitet sich aus.

Griffe
Erst pressen, dann kreisend kneten. Massieren Sie mit den Daumen der rechten Hand am rechten Bein und mit dem Daumen der linken Hand am linken Bein. Dauer: mindestens 90 Sekunden.

Stärke
Sanft und anhaltend akupressieren, Stärke 1.

Wiederholung
3- bis 5-mal täglich.

Gegenanzeigen
Niemals direkt die geschwollenen Körperteile massieren.

Tipp
Hilft auch bei Knie- und Regelschmerzen.

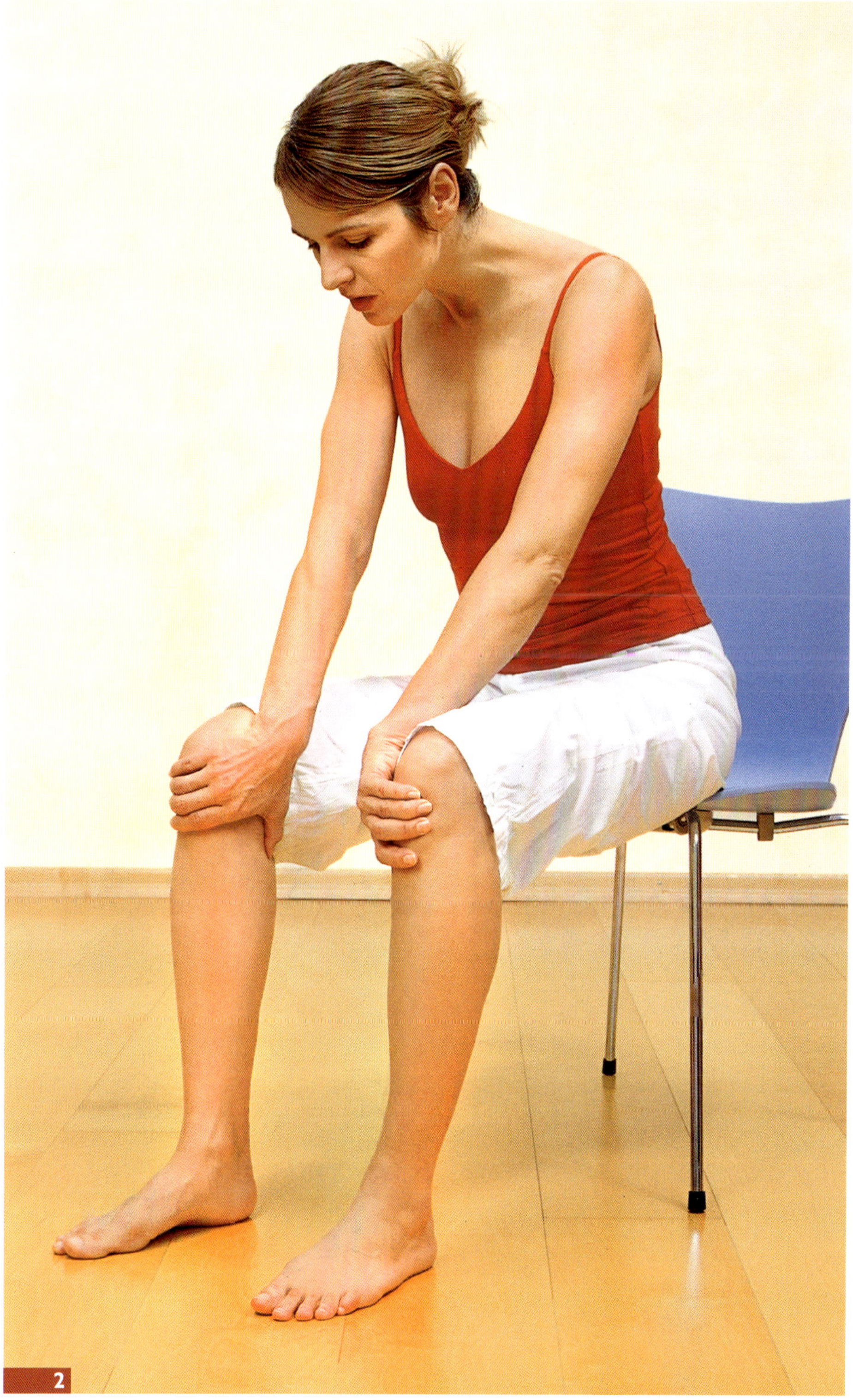
2

Wechseljahrs-beschwerden

Wechseljahre sind ein natürlicher Prozess, keine Krankheit: Hitzewallungen, Stimmungsschwankungen, Schweißausbrüche, trockene Schleimhäute und Zyklusstörungen treten aber vielfach in dieser Zeit auf. Im Alter zwischen 40 und 45 Jahren setzt der Abfall des Östrogenspiegels ein. Mit dem Wandel der weiblichen Hormonbalance stellt sich die letzte Monatsblutung ein. Zu den hormonellen und dadurch entstehenden körperlichen Umstellungen kommen in der Zeit des Wechsels oftmals soziale Veränderungen. Viele Frauen empfinden sich mit dem Nachlassen der Fruchtbarkeit als unweiblich oder unattraktiv. Familiäre und freundschaftliche Bindungen scheinen infrage gestellt. Oft kostet die eigene Neupositionierung als Frau ebenso viel Kraft wie das Klimakterium. Grund genug sich etwas Gutes zu tun! Körperliche Bewegung, regelmäßige Entspannung und eine ausgewogene vitamin- und nährstoffreiche, vollwertige Ernährung erleichtern die körperlichen und sozialen Veränderungen, bauen Stress ab und stärken den Organismus. Selbstmassage lindert die Symptome.

TIPPS

Shiatsu (Foto 1) hilft auch bei Menstruationsbeschwerden, die Reflexzonenmassage (Foto 2) bei Hitzewallungen.

1

Shiatsu

1 Zyklusstörungen können Sie mit Shiatsu lindern: Bewährt hat sich die Massage der unteren Lendenwirbelsäule bis zum Kreuzbein. Massieren Sie mit den Fingerkuppen beider Hände neben der Wirbelsäule über die Meridiane hinweg. Stützen Sie die Hände in die Hüften, der Daumen liegt vorne auf dem Hüftknochen, die Fingerkuppen liegen neben der Wirbelsäule. Gleiten Sie mit den Fingern langsam abwärts zum Kreuzbein.

Wirkung
Gestaute Energie kommt in Fluss. Das Hormonsystem wird harmonisiert. Menstruationsbeschwerden lassen nach.

Griffe
Pressen Sie mit allen Fingerspitzen. Üben Sie mit den Kuppen langsam nach unten gleitend gleichmäßigen Druck auf den Rücken aus. Hände und Handgelenke bleiben entspannt. Dauer: ca. 1 Minute.

Stärke
Gleichmäßig, sanft massieren, Stärke 1. Sobald Schmerzen auftreten, verringern Sie den Druck auf ein verträgliches Maß. Lässt der Schmerz nicht nach, sollten Sie nicht weitermassieren.

Wiederholung
Täglich.

Gegenanzeigen
Keine bekannt.

Fußreflexzonenmassage

2 Leisten Sie mit Fußreflexzonenmassage effektive Selbsthilfe: Massieren Sie die Zonen der Lendenwirbelsäule, Epiphyse und Hypophyse, der Leber und Gallenblase und des kleinen Beckens. Massieren Sie die untere Hälfte der Fuß-Innenseite und die obere Hälfte der Sohle, die Großenzehunterseite und den mittleren Bereich der Hackenballen.

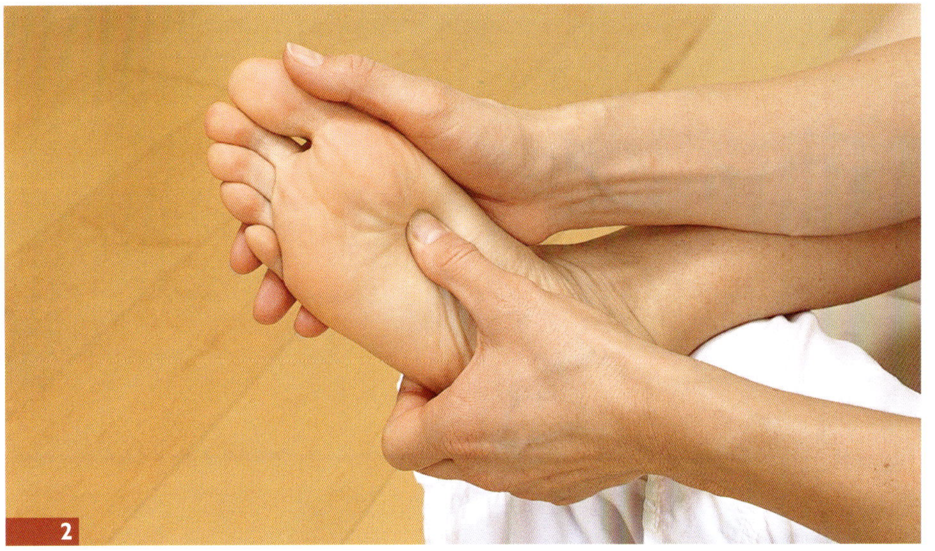
2

Wirkung
Unregelmäßigkeiten und Zyklusbeschwerden werden gelindert. Wechselbeschwerden werden bei regelmäßiger Anwendung gemildert.

Griffe
Erst mit der Daumenkuppe kreisend massieren. Anschließend im wellenartigen Raupengang von einer Reflexzone zur nächsten übergehen. Dauer: 1 bis 2 Minuten.

Stärke
Während des Knetens mit mittlerem Druck arbeiten, Stärke 1. Beim Raupengang mit ansteigernder und wieder abnehmender Kraft arbeiten, Stärke 1 – 3 – 1.

Wiederholung
1- bis 2-mal wöchentlich.

Gegenanzeigen
Keine bekannt.

Zahnschmerzen

I

Wenn Heißes und Kaltes zur Qual wird, ein bohrender, klopfender, dumpfer oder stechender Schmerz durch die Zähne zieht, ist Vorsicht geboten. Zahnschmerzen entstehen bei Zahnerkrankungen wie Karies, Zahnwurzelentzündung oder nach Zahnbehandlungen. Überwiegend führt der Verzehr von denaturierter Kost, meist in der Form von Zucker, Süßigkeiten und Limonade zur Plaquebildung. Der Zahnschmelz wird angegriffen, Karies entsteht. Wer im Schlaf mit den Zähnen knirscht, läuft genauso Gefahr sein Gebiss zu schädigen. Aber auch durch Nasennebenhöhlenentzündungen können Zähne und Zahnfleisch druck- und schmerzempfindlich werden. Gehen Sie bei Zahnschmerzen auf jeden Fall zum Zahnarzt. Ist Expertenhilfe nicht sofort greifbar, sorgen feucht-kalte Umschläge und im Akutfall Eispackungen für Linderung.

Verzichten Sie vor dem Aufsuchen der Arztpraxis nach Möglichkeit auf Schmerzmittel. Sie können bei einem Eingriff die Blutungsneigung erhöhen. Um die Schmerzen bis zum Zahnarztbesuch zu überbrücken, ist Selbstmassage empfehlenswert.

Shiatsu

I Nach einer Zahnbehandlung oder bei nervösen Zahnschmerzen ist Shiatsu besonders wirksam: Massieren Sie die Muskulatur der Achselhöhle. Der entscheidende Druckpunkt macht sich durch ein Ziehen vom Nacken bis in den betroffenen Zahn bemerkbar. Drücken Sie so stark, wie der Schmerz es zulässt. Seitenwechsel nicht vergessen.

Wirkung

Schmerzen infolge von einer Zahnbehandlung und nervöse Schmerzen im Zahnbereich werden gelindert.

Griffe

Greifen Sie in Ihre Achselhöhle, die Fingerspitzen liegen auf der Schulter. Mit der Kuppe des Daumens kreisend massieren. Üben Sie nur senkrechten Druck aus, das bringt Schwung in Ihren Energiekreislauf. Dauer: 3-mal hintereinander 7 Sekunden.

2

TIPP

Hilft auch bei Halsschmerzen, Fieber und Schwindel.

Stärke
Kräftig massieren. Stärke 3.

Wiederholung
Bei Bedarf.

Gegenanzeigen
Keine bekannt.

Akupressur

2 Bei Zahnweh hemmt gezieltes Pressen den Schmerz: Akupressieren Sie mit dem Daumen im daumenseitigen Nagelfalzwinkel (AK »Äußerstes Yang«) des Zeigefingers. Behandeln Sie ruhig beide Hände gleichzeitig. Vorsicht: Die Massage könnte schmerzhaft sein. Hören Sie in diesem Fall nicht auf, achten Sie nur darauf nicht zu verkrampfen.

Wirkung
Der Kopf wird entspannt, das Lungen-Qi gestärkt. Durch den angeregten Energiefluss wird die Atmung tiefer. Schmerzen lassen nach.

Griffe
Behandeln Sie den Punkt an beiden Zeigefingern mit den Daumennagelkanten. Nicht vergessen: dabei ruhig weiteratmen. Mindestens 90 Sekunden, am besten 3 Minuten akupressieren.

Stärke
Kräftig pressen, Stärke 3.

Wiederholung
Bei Bedarf.

Gegenanzeigen
Keine bekannt.

Entspannung und Energie für Eilige

Vitalität und Kraft

I

Karriere oder Kinder fordern ständige Leistungsbereitschaft, lange Arbeitszeiten und manchmal auch eine Überforderung in der Freizeit zehren an den Kräften. Fehlt der natürliche rhythmische Wechsel von Anspannung und Entspannung, kommt unser Energiehaushalt aus der Balance. Denn für einen Dauereinsatz ist der Mensch nicht geschaffen.

Leiden Sie chronisch unter plötzlicher Ermüdung, sollten Sie einen Arzt aufsuchen. Schwerwiegendere Krankheiten könnten sich hinter diesem Symptom verbergen. Plagt Sie einfach nur die tägliche Beanspruchung oder das Mittagstief, sorgt ein regelmäßiges Herz Kreislauf-Training und eine ausgewogene, leichte Kost für mehr Vitalität. Meiden Sie koffeinhaltige Getränke wie Kaffee und Cola. Sie bewirken nur einen kurzen Energieschub auf den ein radikaler Vitalitätsabfall folgt. Trinken Sie lieber viel Mineralwasser, das muntert Geist und Körper auf. Bleibt im Büro nach einer anstrengenden Aufgabe keine Zeit für eine Pause, belebt Sie eine kräftigende Selbstmassage.

Shiatsu

I Erholen Sie sich bei einem Formtief mit japanischer Heilmassage: Energielose behandeln beide Augen parallel. Bei diesem Powerbooster ist Fingerspitzengefühl gefragt. Nicht Kraft, sondern leichter Druck bringt den gewünschten Erfolg. Testen Sie es! Ob nach einer langen Autofahrt oder mehreren Stunden am Schreibtisch – Shiatsu macht Sie munter.

Wirkung

Anstrengung und Ermüdung lassen nach. Sie fühlen sich erfrischt und haben mehr Energie.

Griffe

Alle Finger der linken Hand auf das linke Auge und die Finger der rechten Hand auf das rechte Auge legen. Dabei 3 bis 5 Sekunden ganz leichten Druck ausuben, indem das Gesicht behutsam an die Fingerspitzen gelegt wird. Die Kraft geht dabei nicht von der Hand, sondern vom Gesicht aus. Hände absetzten, Arme schütteln, den Massagegriff wiederholen. Dauer: ca. 10 Sekunden.

Stärke
Mit ganz geringem Druck arbeiten, Stärke 1.

Wiederholung
Bei Bedarf.

Gegenanzeigen
Beim Tragen von Kontaktlinsen, Augenkrankheiten.

Schwedische Massage

2 Nicht nur für den Notfall, sondern besonders vorbeugend wirkt schwedische Massage aufmunternd und kräftigend. Massieren Sie mit den Fäusten beider Hände am Rücken zwischen den Rippen. Nicht vergessen: während der Selbstmassage ruhig und tief weiteratmen.

Wirkung
Müdigkeit wird vertrieben. Bei regelmäßiger Anwendung werden Sie vitaler.

Griffe
Platzieren Sie die Fingerknöchel beider Fäuste zwischen den Rippen im Bereich des unteren Rückens parallel zur Wirbelsäule. Reiben Sie kräftig zu den Hüften und wieder zurück. Wiederholen Sie ohne abzusetzen. Dauer: mindestens 60 Sekunden.

Stärke
Kräftig rubbeln, ohne dass Schmerzen entstehen, Stärke 3.

Wiederholung
Täglich. Wenn die Energie nachlässt, bevor die totale Erschöpfung einsetzt.

Gegenanzeigen
Keine bekannt.

TIPPS

Shiatsu (Foto 1) hilft auch bei Augenschmerzen, schwedische Massage (Foto 2) bei Problemen mit dem unteren Rücken.

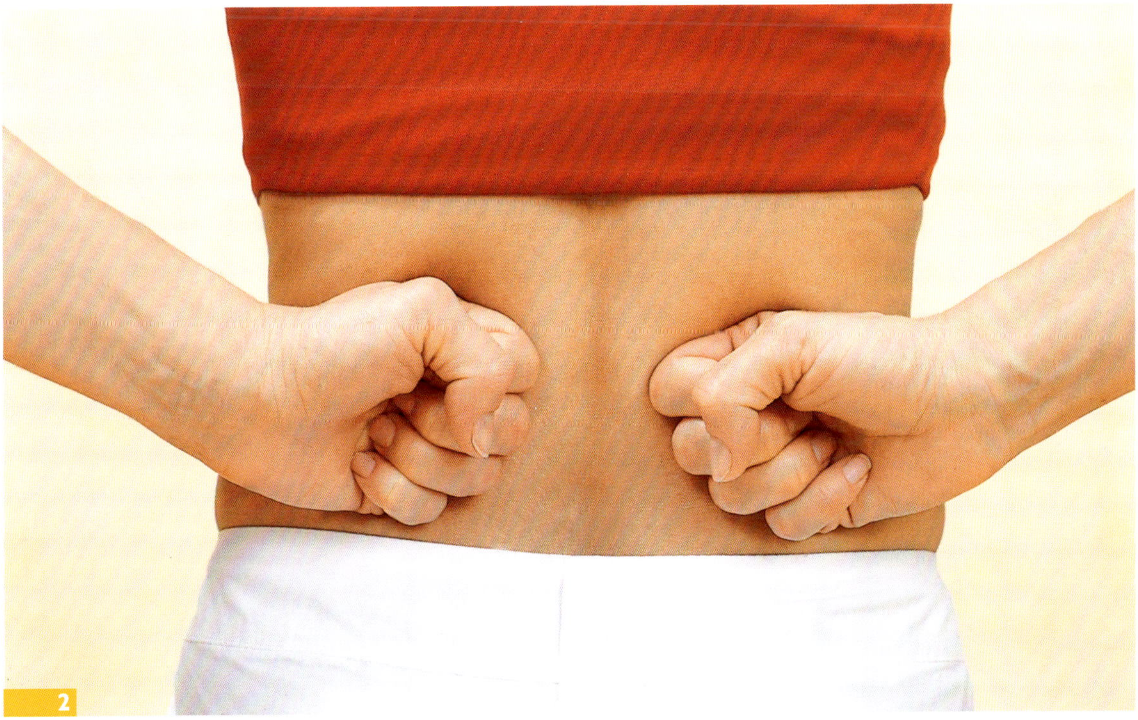

2

Förderung der Konzentration

1

TIPP

Hilft auch bei Kopfschmerzen und Gedächtnisstörungen.

Ihre Gedanken schweifen ständig ab, Sie lassen sich permanent von Ihrer Tätigkeit ablenken – kurz: Sie sind unkonzentriert. Ständig von Reizen in Form von Bildern, Geräuschen sowie Information überflutet, fällt die Konzentration auf das Wesentliche heutzutage immer schwerer. Vergesslichkeit und Fahrigkeit kommen als Begleiterscheinungen hinzu. Schließlich werden Termine vergessen, Dinge verlegt, und für die Erledigung der täglichen Aufgaben benötigt man doppelt so viel Zeit wie sonst. Gründe sind Bewegungsmangel, Fehlernährung, mangelnde geistige Abwechslung aufgrund von einseitiger Beschäftigung im Beruf und in der Freizeit. Alkohol- und Drogenmissbrauch sowie nicht erkannte Krankheiten können ebenso Auslöser dafür sein. Auch Medikamente wie Beruhigungsmittel und Neuroleptika können Zerstreutheit verursachen. Vertreiben Sie Ihre Zerstreutheit mit Denksportaufgaben, Gedächtnistraining und abwechslungsreicher Beschäftigung. Überprüfen Sie Ihre Lebensweise! Lassen die Konzentrationsstörungen nicht nach, muss ein Arzt zu Rate gezogen werden. Wer im Büro oder am Bügeltisch den Kopf zu voll hat, kann mit gezielten Massagegriffen seine Gedanken besser bündeln.

Tuina

1 Kneten Sie die Konzentrationsstörungen mit Tuina weg: Massieren Sie mit dem Mittelfinger den Schnittpunkt der Meridiane mit der Verbindungslinie zwischen der höchsten Stelle der Ohrmuscheln (AK »Hundert Zusammenkünfte«). Welche Hand als Therapiewerkzeug dient, ist frei wählbar.

Wirkung
Der Geist wird geschärft. Die Erschöpfung lässt nach und die Konzentrationsfähigkeit wird gesteigert.

Griffe
Mit der Mittelfingerkuppe an der höchsten Stelle des Kopfes kleine Kreise beschreiben. Drehrichtung: im Uhrzeigersinn. Dabei sind der kleine Finger und der Ringfinger locker gebeugt. Halten Sie ständigen Hautkontakt ohne zu zerren. Ideal: 72-mal kreisen. Dauer: ca. 90 Sekunden.

Stärke
Kneten Sie mit sanftem Druck, Stärke 1.

Wiederholung
Bei Bedarf.

Gegenanzeigen
Keine bekannt.

Fußreflexzonenmassage

2 Eine Reflexzonenmassage hilft, sich konzentrieren zu können: Massieren Sie die Zonen von Wirbelsäule, Nacken, Epiphyse, Hypophyse, Leber, Magen, Dünn- und Dickdarm, Becken, Nebennieren und Solarplexus. Behandeln Sie von der Mitte des Fußballens bis zum oberen Viertel die gesamte Fußsohle, die Innenseite des Fußes sowie den Großen Zeh und Zehballen. Atmen Sie bewusst ein und aus.

Wirkung
Sie können sich besser entspannen. Die Durchblutung wird angekurbelt, Zerstreutheit wird gelindert. Sie können sich besser auf eine Sache fokussieren.

Griffe
Mit der Daumenkuppe kleine Kreise beschreiben. Sanft im Raupengang in die nächste Behandlungszone wandern. Halten Sie sich an die genannte Reihenfolge. Seitenwechsel. Wichtig sind fließende Bewegungen. Dauer: 1 bis 2 Minuten.

Stärke
Mit mittlerem Druck kreisen, Stärke 2.

Wiederholung
2-mal wöchentlich als Kur.

Gegenanzeigen
Keine bekannt.

TIPP

Hilft auch bei Gereiztheit und Verdauungsstörungen.

2

Entspannung und Erholung

Ihr Nacken ist steif, die Augen sind müde und die ganze Last der täglichen Anforderungen scheint auf Ihren Schultern zu liegen. Körperliche Verspannungen und geistige Blockaden lassen uns verkrampfen. Stundenlanges Sitzen am Arbeitsplatz, vor dem Computer oder an einer Maschine, macht die Muskeln hart und unbeweglich. Schnell ist die Energie auf dem Nullpunkt und jede Bewegung schmerzt. Massage und Meditation sorgen ideal für schnelle Entspannung.
Achten Sie darauf, wie Sie atmen. Denn die Atmung hat enormen Einfluss auf unser Befinden. Zur Entspannung atmen Sie durch die Nase über die Brust tief in den Bauch ein und über den leicht geöffneten Mund langsam wieder aus. Nach einigen Wiederholungen lassen Sie den Atem fließen. Spüren Sie dem Ein- und Ausströmen der Luft nach.
Schnuppern Sie sich locker: Aromaöle aus Rose, Jasmin und Lavendel sind super zum Relaxen. Eine Selbstmassage bringt zusätzlich Entspannung und Energie.

1

Schwedische Massage

1 Machen Sie der Steifheit in Rücken, Nacken und Schultern mit schwedischer Massage den Garaus. Massieren Sie erst mit gefalteten Händen kräftig den Nacken, dann mit den Fingerspitzen beider Hände sanft die Schläfen. Sie können dabei die Augen schließen. So kann der Körper besser wahrgenommen werden. Nicht vergessen: Während der Selbstmassage sollen Sie ruhig und tief weiteratmen.

Wirkung
Nackenverspannungen werden gelöst. Die Durchblutung angekurbelt. Sie fühlen sich geistig klarer und wacher.

Griffe
Platzieren Sie die Ballen der gefalteten Hände im Nacken unterhalb des Haaransatzes. Reiben Sie kräftig, indem Sie die Ballen zueinander bewegen und wieder entfernen. Wiederholen Sie ohne abzusetzen. Dauer: mindestens 60 Sekunden. Anschließend mit den Fingerspitzen die Schläfen im Uhrzeigersinn kreisend kneten. Dauer: etwa 60 Sekunden.

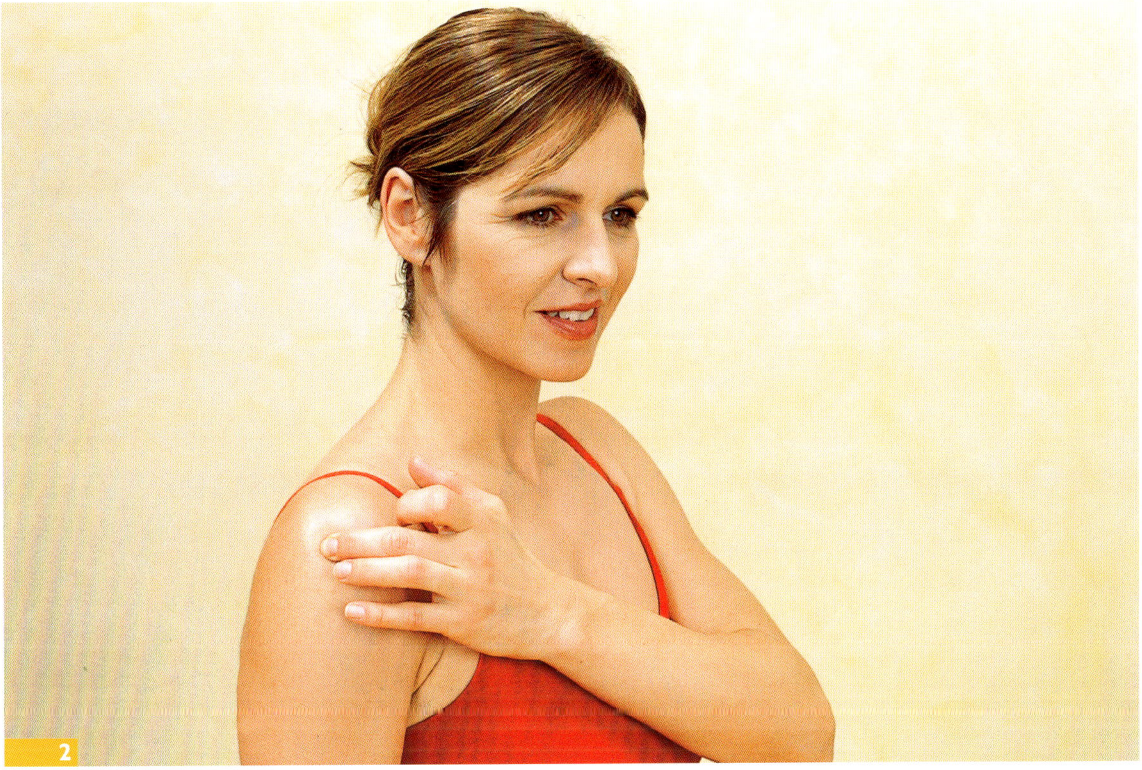

2

TIPPS

Die schwedische Massage (Foto 1) hilft auch bei Nacken- und Kopfschmerzen, Tuina (Foto 2) bei Migräne und Beschwerden am Ellenbogen.

Stärke

Kräftig kneten und sanft kreisen, Stärke 3 und 1.

Wiederholung

Mindestens 2-mal täglich, während der Arbeitspausen.

Gegenanzeigen

Schwere Nackenschäden und Wirbelsäulenerkrankungen.

Tuina

2 Tuina nimmt Ihnen die Last von den Schultern: Massieren Sie mit dem Mittelfinger in der Vertiefung des Schlüsselbeins (AK »Spalt unter der Schulterhöhle«). Die Mulde ist gut zu spüren, wenn der Arm seitlich vom Köper weg angehoben wird. Wenn beim Massieren Schmerzen auftreten, sollten Sie den Druck reduzieren.

Wirkung

Das Schultergelenk wird unterstützt, der Schultergürtel gestärkt. Sie fühlen sich ruhiger, atmen tiefer.

Griffe

Mit der Mittelfingerkuppe an der Vorderseite der Schulter in der Schlüsselbeinkuhle pressen. Dauer: 1 Minute. Anschließend im Uhrzeigersinn kreisend kneten. Dabei sind der kleine Finger und der Ringfinger locker gebeugt. Ideale Behandlungsdauer: 2 Minuten.

Stärke

Kneten und pressen Sie mit mittlerem Druck, Stärke 1.

Wiederholung

Täglich.

Gegenanzeigen

Keine bekannt.

Register

Abgespanntheit 46
Abwehrschwäche 49, 66
Akne 51
Akupressur 10, 18
Akupunktur 10
Akupunkturpunkte 11
Allergien 63
Angst 28, 69
Appetitlosigkeit 35, 76, 77
Aromaöle 92
Arthritis 54, 63
Asthma 13, 50
Atem 12
Atembeschwerden 50
Atemnot 32
Atmung 92
Augenkrankheiten 72
Augenschmerzen 89
Ausgeglichenheit 13
Ausschlag 26

Bandscheibenvorfall 58
Bauchschmerzen 28, 34, 37
Beinschmerzen 57, 80
Beklemmungen 32
Blähungen 34, 36
Blasenentzündungen 38
Blockaden 92
Bluthochdruck 13, 40
Brechreiz 74
Bronchialasthma 50
Bronchitis 50

Darmgeräusche 78
Drehschwindel 73
Durchblutungsstörung 29
Durchfall 34, 42, 55, 61

Einschlafstörungen 29
Ellenbogenschmerzen 93
Energie 12, 13
Energiebahnen 16
Energiemangel 59, 69
Energietief 54
Entspannung 10, 92
Erbrechen 35, 47
Erkältung 38, 48
Erschöpfung 46

Faltenbildung 30
Fehlsichtigkeit 30
Fieber 33
Frösteln 64
Fußreflexzonenmassage 20

Gastritis 34
Gedächtnisstörungen 90
Gereiztheit 70
Gleichgewichtsstörung 72
Grippe 48

Haarausfall 52
Halsweh 48
Harnwegsinfekt 38
Hausstauballergie 26
Hautprobleme 26
Heiserkeit 44, 48
Herzbeschwerden 39, 41
Herzklopfen 40
Heuschnupfen 26
Hexenschuss 58
Hitzewallungen 82
Husten 44, 45

Immunsystem 13
Impotenz 61
innere Unruhe 29
Ischiasbeschwerden 55, 58

Kater 72
Keuchhusten 50
Knieschmerzen 54
Koliken 37
Konzentration 12
Konzentrationsmangel 52, 70
Kopfschmerzen 30, 31, 40, 52, 63
Körperabwehr 12
Krampf 62
Krampfadern 13, 56
Kreuzschmerzen 89
Kurzatmigkeit 32
Kurzsichtigkeit 30

Magenprobleme 55
Magenschmerzen 34
Mandelentzündung 33, 49
Massage, ganzheitliche 10
Mattigkeit 40
Menstruationsbeschwerden 37, 82
Meridiane 11
Migräne 44, 50
Müdigkeit 56, 89
Muskelverspannungen 62

Nackenschmerzen 30
Nackensteife 53
Nasennebenhöhlenentzündung 84
Nervosität 28, 45, 71, 74
Niedriger Blutdruck (Hypotonie) 40
Nierenbeschwerden 38
Niesen 51

Ohnmacht 65
Ohrengeräusche 66
Ohrensausen 49, 65
Ohrenschmerzen 66
Oxytocin 6

Prämenstruelles Syndrom (PMS) 60

Qi 16

Reflexzonen 10
Reflexzonenmassage 20 f.
Reflexzonentherapie 20
Regelbeschwerden 64, 81
Reisekrankheit 29, 72
Reizblase 38, 39
Rheuma 68
Rheumatische Beschwerden 58

Schlaflosigkeit 70
Schlafstörungen 28, 70
Schluckauf 28, 50, 75
Schmerz 10
Schnupfen 26, 44
Schnupfen, allergischer 44
Schulter- und Nackenverspannungen 64
Schwäche 45
Schwangerschaft 78
schwedische Massage 22 f.
schwedische Massage, klassische 10
Schwellungen 81
Schwerhörigkeit 67
Schwindel 31, 52, 65
Sedierungsgriff 21
Sehnenentzündung 54
Sehstörung 63, 66
Selbstbewusstsein 10
Selbstheilung 6, 7
Selbstheilungskräfte 7
Shiatsu 10, 19
Sodbrennen 34
Spannungskopfschmerzen 52
Sprechstörungen 49
Steifheit 68
Stimmungsschwankungen 82
Stress 11

TCM (Traditionelle Chinesische Medizin) 10
Tennisarm 51
Tierhaarallergie 26
Tinnitus 31
traditionelle chinesische Massage 10
Tuina 10, 17

Übelkeit 34, 37, 40, 74
Unruhe 46
Unsicherheit 54

Vegetatives Nervensystem 29
Venenschwäche 56
Verdauung 34
Verdauungsbeschwerden 28
Verdauungsstörungen 42
Vergesslichkeit 90
Verkrampfungen 53
Verspannungen 92
Verstopfung 56, 78
Völlegefühl 35, 76, 78

Wassereinlagerungen 80
Weitsichtigkeit 30
Wetterfühligkeit 69

Yang 16
Yin 16

Zahnschmerz 72, 84
Zerstreutheit 90
Zyklusschwankungen 60
Zyklusverschiebungen 70
Zykulusstörungen 82

Hinweis

Das vorliegende Buch wurde sorgfältig erarbeitet. Dennoch erfolgen alle Angaben ohne Gewähr. Weder Autorin noch Verlag können für eventuelle Nachteile oder Schäden, die aus den im Buch vorgestellten Informationen resultieren, eine Haftung übernehmen.

Literaturverzeichnis

Chaling, Han: Leitfaden Tuina. Urban & Fischer, 2002.
Chang, David: Mit Händen heilen. Südwest, 2000.
Leibold, Gerhard: Shiatsu. Bassermann, 2003.
Otto, Gabriele: Fußreflexzonenmassage. Südwest, 2004.
Roseberry, Monica: Massage. Heel, 2002.
Wagner, Dr. Franz: Akupressur. Gräfe & Unzer, 2004.

Die Autorin

Valeria Füchtner, Jahrgang 1972, ist selbstständige Redakteurin für Print und Online. Seit dem Studium der Kunstgeschichte und Germanistik und dem Volontariat als TV- und Online-Reporterin bei RTL Nord spezialisierte sie sich als Journalistin auf den Bereich Gesundheit und Wellness. Sie war als freie Mitarbeiterin für zahlreiche Zeitschriften und Onlineportale sowie als Redaktionsleiterin für eine Frauenzeitschrift tätig, ist ausgebildete ganzheitliche Gesundheitsberaterin. Ihr Interesse gilt der alternativen Medizin und Naturheilkunde. In ihrer Arbeit kombiniert sie die Erfahrungen aus ihrer Beratung mit den Erkenntnissen der aktuellen medizinischen Forschung und bewährten alternativen östlichen und westlichen Heilkundeverfahren.

Bibliographische Information der Deutschen Bibliothek

Die Deutsche Bibliothek verzeichnet diese Publikation in der Deutschen Nationalbibliographie; detaillierte bibliographische Daten sind im Internet über http://dnb.ddb.de abrufbar.

BLV Buchverlag GmbH & Co. KG
80797 München

Bildnachweis:
Alle Fotos Michael Reusse
Hair & Make up: Judith Gutsche
Grafiken: Sandra Menke, Osnabrück

Umschlaggestaltung: Sabine Fuchs, fuchs_design, Ottobrunn
Umschlagfotos: Michael Reusse

Lektorat: Manuela Stern
Herstellung: Ruth Bost
Layoutkonzept Innenteil: fuchs_design, Ottobrunn
DTP: Satz + Layout Peter Fruth GmbH, München

Gedruckt auf chlorfrei gebleichtem Papier

Printed in Germany

ISBN-10: 3-8354-0068-1
ISBN-13: 978-3-8354-0068-9

Eine kleine Auswahl aus unserem grossen Programm

Uschi Moriabadi
Yoga & Pilates
Das optimale Training zum Kräftigen, Dehnen und Entspannen mit Kurzprogrammen für spezielle Ziele, z.B. Aufwachen oder Stressabbau.
ISBN 3-8354-0007-X

Nicolaus Klein
Meditation – Das Praxisbuch
Grundlagen und Wirkung: Meditation im Sitzen, Stehen, Liegen und in Bewegung (Yoga, Tai Chi, Qi Gong, Tanz); mit CD zum Üben: 4 geführte Meditationen.
ISBN 3-405-16934-8

Siegbert Engel
Qi Gong – Das Übungsbuch
Geschichte des Qi Gong, Grundlagen, Übungen für Atmung, Haltung, Bewegung, Entspannung, Selbstmassage.
ISBN 3-405-16788-4

Jerry Goldberg
Autogenes Training
Entspannt und ausgeglichen, selbstbewusst und stark, klar und konzentriert, glücklich und zufrieden: Ruhe und innere Kraft in nur 4 Wochen; mit geführten Übungen auf CD.
ISBN 3-8354-0046-0

Mirelle Dorit Herpel
Fit und schön ab 40
Attraktiv bleiben, fit sein, sich wohl fühlen ab 40: gesunde Ernährung, Fitness und Bodystyling, innere Balance und Entspannung – mit Übungsprogrammen für zu Hause.
ISBN 3-8354-0008-8

Heike Höfler
Training für den Beckenboden
Übungen zur Stärkung der Beckenbodenmuskulatur, Training bei gesundheitlichen Problemen; Wirkung auf Körper, Psyche und Selbstbewusstsein.
ISBN 3-405-16787-6

Thorsten Dargatz
Slow-Motion-Fitness
Das Trainingskonzept der Zukunft – minimaler Zeitaufwand, maximale Ergebnisse: Grundprinzipien und Wirkungsweise, Fitness-Test, Übungsprogramme für zu Hause und fürs Fitness-Studio, Ernährung und Entspannung.
ISBN 3-8354-0004-5

Dr. Antje Materna/
Rimbert Westerkamp
Rücken – fit und schmerzfrei!
Medizinische Grundlagen; Trainingsprogramme zum Dehnen, Mobilisieren, Kräftigen und Entspannen; mit speziellen Übungen für Kinder, Senioren und Schwangere, fürs Büro und bei chronischen Beschwerden.
ISBN 3-405-16494-X

Gunda Slomka/Petra Regelin
Stretching – aber richtig!
Der umfassende Ratgeber nach neuestem Stand der Sportwissenschaft: Grundlagen und Übungsprogramme für die gezielte Muskeldehnung, auch speziell für einzelne Sportarten und für verschiedene Alltagssituationen.
ISBN 3-405-16801-5